FÜR BARBARA

Peter Alles

Peters Reisebericht Nr. 9

Armenien – ein kleines Gebirgsland
mit großartiger Kultur

© 2020 Peter Alles

Autor: Peter Alles
Umschlaggestaltung, Illustration: Peter Alles

Verlag & Druck: tredition GmbH, Halenreie 40-44, 22359
Hamburg
ISBN:
978-3-347-01616-3 (Paperback)
978-3-347-01617-0 (Hardcover)
978-3-347-01618-7 (e-Book)
Printed in Germany

Bibliografische Information der Deutschen Nationalbibliothek:
Die Deutsche Nationalbibliothek verzeichnet diese Publikation
in der Deutschen Nationalbibliografie; detaillierte bibliografische Daten sind im Internet über http://dnb.d-nb.de abrufbar.

Inhaltsverzeichnis

20. September 2019, Anreise

Das fing ja gut an. Dass ich meine Anschluss-S-Bahn im Frankfurter Hauptbahnhof um eine Minute verpasst hatte, war nicht ungewöhnlich bei einer Fahrt von Schwalbach zum Flughafen, damit hatte ich gerechnet, das hatte ich einkalkuliert. Auch hatte ich weitere Verzögerungen eingeplant und daher am Vorabend von zu Hause aus bereits eingecheckt, so dass ich entspannt anreisen konnte.

Da konnte mich auch nicht beunruhigen, dass auf der Anzeigetafel der Abflüge im S-Bahnhof des Flughafens alle Flüge außer meinem aufgelistet waren. Das war kein Problem, an der Flughafen-Information im Terminal 1 konnte man mir bestätigen, dass mein Flug stattfinden würde. Und man konnte mir das Abflug-Gate nennen, nämlich D6 im Terminal 2.

Also begab ich mich per SkyLine, dem Schienen-Shuttle, dorthin. In der großen Halle des Bereiches D, wo sich die Aeroflot-Schalter befinden, war die Hölle los. Vor einigen Schaltern schlängelten sich die Wartenden kreuz und quer durch die Halle, so dass man sich ständig irgendwo durchquetschen musste. Die Schlange vor „meinem" Schalter war zwar viel kürzer, aber das Einchecken und Gepäckaufgeben dauerte unverständlich lange. Obwohl ich nur zehn Flugwillige vor mir hatte, konnte ich erst nach vierzig Minuten meinen Check-In-Ausdruck gegen seriöse Bordkarten eintauschen und meinen Koffer aufgeben.

Reisepass-Kontrolle, automatisiert, und Sicherheitskontrolle gingen trotz der großen Menge an Reisenden relativ zügig vonstatten. Am Gate D6 wurde gerade noch ein anderer Flieger abgefertigt, so dass ich mich in der Nähe niederließ und meiner Reiselektüre widmete. Dies war das „Porträt einer Hoffnung – Die Armenier" der Herausgeberin Huberta von Voss, einer Journalistin mit ausgezeichneter Kenntnis der jüngeren armenischen Geschichte. In vielen Kurzdarstellungen und Einzelporträts werden unterschiedliche Themen wie armenische Identität, Geschichte, Leben in der Diaspora, Genozid etc. durch meist sehr persönliche Erlebnisberichte beleuchtet. Ein empfehlenswertes Buch für alle, die sich für die Armenier und ihre Gegenwartsgeschichte interessieren.

Daher war ich so vertieft, dass ich die Verlegung des Abflug-Gates gar nicht mitbekam. Erst als ich mich einige Minuten nach dem geplanten Boarding-Beginn zum Gate begab, erfuhr ich vom Wechsel zu D9. Das klang nicht weit entfernt, erforderte aber dank der langen Wege im Frankfurter Flughafen eine zehnminütige Wanderung mit vorübergehendem Verlassen des sicherheitskontrollierten Bereiches. Vor dem Zugang zu D9 staute sich eine lange Schlange, eine Bewegung war nicht zu erkennen.

Da ich seit Wochen Schmerzen im rechten Bein bei längerem Stehen und Gehen verspürte, schaute ich mich nach einer Sitzgelegenheit um. Die gab es in einem gewissen Abstand, von wo man Blickkontakt zum Gate hatte. Also ließ ich mich dort nieder und bewunderte die geduldigen Menschen in der Schlange, die sich lange Zeit keinen Millimeter vorwärtsbewegte. Etwa eine halbe Stunde nach dem geplanten Abflug kam etwas Bewegung auf und die ersten Wartenden durften zur Sicherheitskontrolle vorrücken. Nach weiteren 20 Minuten begab ich mich ans Ende der Schlange und konnte ebenfalls langsam zum Gate und zum Flugzeug vordingen, das wegen der Terminverschiebung weit entfernt auf dem Vorfeld geparkt war.

Wir starteten mit 80-minütiger Verspätung nach Moskau, nachdem der Aeroflot-Pilot seinen Wodka-Rausch ausgeschlafen hatte. Zumindest äußerten einige meiner Mitreisenden diese Vermutung. Ob das der Grund war, dass während des Fluges an die Passagiere kein Wodka ausgeschenkt wurde?

Vorbei an Berlin, Kaliningrad und Vilnius – wovon allerdings nichts zu sehen war, da sich dicke Wolken flächendeckend ausgebreitet hatten – erreichten wir Moskau-Scheremetjewo auf unspektakuläre Weise. 30 Minuten vor dem geplanten Start des Anschlussfluges nach Jerewan konnten wir das Flugzeug verlassen. Das Bodenpersonal war wegen der Verspätung und der langen Schlangen vor der Pass- und Sicherheitskontrolle deutlich hektischer als wir. Schließlich wurden wir an einigen Schlangen vorbeigelotst und durch die Sicherheitskontrolle getrieben, wo wir im Gegensatz zu anderen Fluggästen nur ziemlich oberflächlich kontrolliert wurden. Hauptsache, wir würden wieder schnell verschwinden.

Und wozu das Ganze? Um am Gate für den Weiterflug nach Jerewan feststellen zu dürfen, dass dieser Flug ebenso eine deutliche Verspätung hatte, das Boarding noch gar nicht begonnen hatte und sich eine lange Warteschlange in ohnmächtiger Geduld übte. Auch hier suchte ich mir erst einmal eine Sitzgelegenheit in der Nähe und harrte der Dinge, die kommen mussten.

Von meinem Fensterplatz im Flieger konnte ich noch lange nach dem Start das Lichtermeer im Großraum Moskau bewundern. Es ist unglaublich, wie viele Städte und Straßen noch in mehreren hundert Kilometern Entfernung Licht in den Himmel abstrahlen. Ganz anders in der Kaukasusregion, wo bei Nacht fast absolute Finsternis vorherrscht und erst auf den letzten 50 km vor der Landung in Jerewan vereinzelte Lichtquellen und dann schwach beleuchtete Ortschaften zu erkennen waren. Die Dunkelheit kann natürlich auch an der Uhrzeit gelegen haben, denn wir schwebten gegen ein Uhr nachts auf dem kleinen Flughafen Swartnoz ein.

Da ich nicht wusste, wie die telefonmäßige Erreichbarkeit in Armenien sein wird – später stellte sich heraus, dass sie überall gut war und in fast jedem Hotel oder Gästehaus ein funktionierendes WLAN zur Verfügung stand –, schickte ich nach Verlassen des Fliegers eine knappe SMS nach Hause: „Sind gut gelandet, alles hat hervorragend geklappt." Zu diesem Zeitpunkt wusste ich noch nicht, dass ich ohne mein Gepäck gelandet war.

Ich hatte lange aufs Gepäckband gestarrt. Als es geleert und abgestellt worden war, wurde mir klar, dass der Urlaubsanfang nicht unbeschwert sein würde. Marina, eine Deutsche, mit der ich beim Warten ins Gespräch kam, stellte sich als Mitreisende meiner Rundreisegruppe durch Armenien und Opfer von Gepäckverlust heraus. So begaben wir uns gemeinsam zum Reklamationsschalter, wo wir geduldig unser Anliegen auf Englisch vortrugen. Der nette Mitarbeiter versprach uns, dass das Gepäck kostenfrei bald ins Hotel nachgeliefert werden würde und wir uns getrost dorthin begeben könnten. Wir sollten nur unsere Verlustbestätigung vorweisen.

Damit verzögerte sich die Anreise zum Hotel für diejenigen unserer Gruppe weiter, die ebenfalls in der Nacht gelandet waren, worüber glücklicherweise keine Feindschaften ausbrachen, bevor wir uns überhaupt richtig kennen lernen konnten. Erst danach, nach dem Kennenlernen, gab es seriöse Gründe für Animositäten, da einige Charaktere von der kaum erträglichen Sorte waren.

21. September 2019, erster Tag in Jerewan

Nach dem Spätstück starteten wir zu einem ersten kleinen Spaziergang zum Platz der Republik und zu einer Geldwechselstube im Vorraum eines Supermarktes. Der heutige Unabhängigkeitstag war zwar ein Nationalfeiertag, aber wie immer, d.h. auch an Sonntagen, waren in Jerewan fast alle Geschäfte geöffnet. Am 21. September erinnert man sich an den „Austritt" aus der Sowjetunion 1991, dem Beginn der zweiten unabhängigen Republik Armenien. Die erste Republik war als Folge des Ersten Weltkrieges am 28. Mai 1918 ausgerufen worden und bestand bis zum 2. Dezember 1920, als armenische Bolschewiki in einem unblutigen Putsch an die Macht gekommen waren und die Armenische Sozialistische Sowjetrepublik (SSR) ausriefen.

Samuel, unser deutschsprachiger armenischer Reiseleiter, machte uns auf dem zentral gelegenen und vor allem in den Abendstunden als Treffpunkt sehr beliebten Platz der Republik mit dessen Entstehungsgeschichte und der Bedeutung der umliegenden Prachtbauten vertraut. Der 14.000 m² große Platz war 1926 von dem bedeutenden Architekten Alexander Tamanjan geplant worden. Der in Jekaterinodar, dem heutigen Krasnodar, geborene Bankierssohn erhielt seine Ausbildung an der Russischen Kunstakademie in Sankt Petersburg und kam 1923 nach Jerewan, wo er die Neuanlage und den Ausbau der Stadt hauptverantwortlich leitete.

Noch zu Beginn des 19. Jh. hatten niedrige Häuser mit schönen Torbögen und Holzbalkonen, orientalische Flachdachbauten und herrschaftliche Gebäude das Stadtbild der Kleinstadt dominiert. Nachdem Jerewan 1827 zum Kaiserreich Russland gekommen und Sitz der Oblast („Verwaltungsbezirk") Armenien geworden war, setzte ein starkes Wirtschaftswachstum ein, begleitet von einer Zunahme der politischen Bedeutung der Bezirkshauptstadt. Damit ging einher, dass viele alte Häuser durch neue europäischen Stils ersetzt wurden, was das Stadtbild noch chaotischer ausfallen ließ. Trotzdem hatte Jerewan 1890 erst 12.500 Einwohner.

Ein weiterer Entwicklungsschub setzte ein, als Jerewan 1920 zur Hauptstadt der Armenischen SSR wurde. Schließlich wurde unter Leitung Tamanjans das Stadtbild radikal verändert. Er stellte einen Generalplan für die Stadtentwicklung auf, ließ viele historische Ge-

Abb. 1: Historisches Museum am Platz der Republik

Abb. 2: Die Jerewaner Oper

bäude wie Kirchen, Moscheen, die persische Festung, Bäder, Bazare und Karawansereien abreisen und breite, lange Boulevards anlegen. Er gestaltete nicht nur den Platz der Republik mit dem Historischen Museum, dem Postamt und den Regierungsgebäuden, sondern auch das Jerewaner Opernhaus. Außerdem war er verantwortlich für die Entwicklung der Städte Gjumri und Etschmiadsin.

Um 1970 wurde, allerdings mit Eingemeindungen, die Millionengrenze der Einwohnerzahl überschritten. Dies war zu Zeiten der Sowjetunion die Rechtfertigung für den Bau einer Metro, kleinere Städte durften keine U-Bahn bauen. Die Jerewaner Metro wurde 1981 eröffnet, besteht heute aus einer 12 km langen Linie mit 10 Stationen und soll zukünftig verlängert und um zwei Linien erweitert werden. Seit dem Ende der Sowjetunion befindet sie sich jedoch wirtschaftlich in der Krise, einerseits durch die Konkurrenz des neu entstandenen verzweigten Liniennetzes privater Kleinbusunternehmen („Marschrutkas"), andererseits durch die allgemein zurückgegangene Mobilität aufgrund Arbeitslosigkeit und Verarmung.

Der Austritt aus der Sowjetunion 1991, knapp drei Jahre nach dem verheerenden Erdbeben im Norden Armeniens, hatte zu einem gewaltigen Einbruch der armenischen Wirtschaft geführt, von dem sich das Land nur langsam erholte. Der wichtigste Absatzmarkt der starken Industrie (Chemie, Elektronik, Maschinenbau etc.) war weggebrochen, die Umstellung von der Zentralverwaltungswirtschaft auf eine liberale Marktwirtschaft brachte bis dahin unbekannte Probleme und der Konflikt um Bergkarabach mit Aserbaidschan führte zur zusätzlichen Schwächung des Landes. Erst 1997 begann die Wirtschaft wieder zu wachsen mit teils zweistelligen Raten zu Beginn des neuen Jahrtausends.

***

Nach dieser ersten Besichtigungstour schwangen wir uns in den bereitstehenden Bus und Sergej, unser Fahrer während der gesamten Rundreise, brachte uns zur Mittagszeit zu einem „Duduk-Meister" im Süden der Hauptstadt. Seine Werkstatt mit einem wunderschönen Garten lag etwas versteckt hinter anderen Häusern abseits einer vielbefahrenen Ausfallstraße, so dass man sich in einem kleinen Paradies wähnte.

Die Duduk, manchmal auch der oder das Duduk, ist Armeniens Nationalinstrument. Sie zu blasen kostet Kraft, wobei ihre Ausdrucksmöglichkeit von weichen samtigen oder klagenden Klängen bis zu durchdringenden Signaltönen reicht. Sie spielt eine zentrale Rolle in der armenischen Volksmusik und Kammermusik. Sie ist unter verschiedenen Namen in der ganzen Region verbreitet: z.B. duduki in Georgien, mey in der Türkei sowie balaban in Aserbaidschan und im Iran.

Die armenische Duduk wird aus Aprikosenholz gefertigt. Das Holz dieses „heiligen Baumes" wird nur hierfür verwendet, niemals als Brenn- oder Bauholz. Das Instrument ist ohne Rohrblatt je nach Grundton etwa 25 bis 40 Zentimeter lang. Das Auffälligste ist das extrem große Doppelrohrblatt, das bis zu zehn Zentimeter lang und drei Zentimeter breit ist. Es wird aus einem Schilfrohrabschnitt, bevorzugt vom Ufer des Aras, gefertigt. Das Instrument besitzt sieben oder acht vorderständige Grifflöcher und ein rückwärtiges Daumenloch.

Meister Karen Hakobyan – von seiner Art gibt es nur noch ganz wenige in Armenien – erklärte uns, wie er das Instrument herstellt. Aus den Stämmen eines 30 bis 40 Jahre alten Aprikosenholzbaumes werden Stangen herausgeschnitten, die vier Stunden lang in Wasser gekocht werden, damit sich Öle und andere Stoffe aus dem schweren, harten Holz herauslösen. Nach einem achtjährigen (!) Trocknungsprozess kann dann erst das eigentliche Musikinstrument hergestellt werden, indem mit einem glühenden Metall die Röhre ausgehöhlt und die Blaslöcher ausgestochen (nicht gebohrt) werden. Zum Abschluss wird das Instrument aus optischen Gründen und zur besseren Haltbarkeit geölt.

Nach der Theorie kam die Praxis mit der Präsentation verschiedener Tonart-Instrumente der Duduk, die seit 2005 zum Immateriellen Erbe des UNESCO gehört. Damals wurde sie an 165 Musikschulen unterrichtet, mit abnehmender Tendenz. Hakobyan führte noch weitere Holzblasinstrumente vor: die armenische Flöte Blul, die Trichteroboe Zurna, die Hornpfeife Pku und „normale" Flöten, die er alle perfekt spielen konnte.

Die Blul, das traditionelle Melodieinstrument der Hirten, gilt ebenso wie die Duduk als edles Instrument der Kammermusik. Sie besitzt kein Mundstück, sondern wird schräg nach unten gehalten und mit halbseitig geschlossenem Mund über eine scharfe Kante angeblasen. Die zylindrische, an beiden Enden offene Spielröhre wird bevorzugt aus Aprikosenholz gedrechselt.

Demgegenüber besitzt die Zurna, die wie die Duduk zur Gruppe der Doppelrohrblattinstrumente gehört, einen niedrigen sozialen Status, da sie bevorzugt in der lauten Unterhaltungsmusik im Freien eingesetzt wird. Sie wird aus einem einzigen, kegelförmigen Stück Aprikosenholz gedrechselt, wobei ihr auffälliger, weiter, konischer Schallbecher wesentlich für die spezielle Klangformung ist.

Auch die Pku, die je nach Grundton und Stimmlage sehr stark in der Länge variiert, verfügt über einen Schallbecher. Er wird aus Kuhhorn gefertigt, weswegen die Pku zu den Hornpfeifen gezählt wird. Obwohl bereits im 5 Jh. bekannt, ist ihre Bedeutung stark gesunken, sie ist im Vergleich zu den anderen armenischen Holzblasinstrumenten fast in Vergessenheit geraten.

Der Meister brachte uns mehrere Musikstücke auf den verschiedenen Instrumenten zu Gehör. Neben Weisen der armenischen Volksmusik spielte er auch das berühmte Kranich-Lied von Komitas Vardapet (1869-1935), einem armenischen Priester, Komponisten, Sänger, Chormusiker, Musikpädagogen, Musikethnologen und Musikwissenschaftler. Er gilt heute allgemein als Begründer der modernen klassischen Musik Armeniens und als Retter der armenischen Musik in letzter Stunde. Ohne sein Werk wäre das kulturelle Erbe Westarmeniens dem Genozid zum Opfer gefallen. Er war durch das Land gereist und hatte über 3.000 Volkslieder und liturgische Gesänge aufgezeichnet, die unwiederbringlich verloren gewesen wären. Daher sagt man, dass das armenische Volk in seinen Liedern seine Seele wiedergefunden hat.

So identifizieren sich Millionen von Diaspora-Armeniern mit dem Lied Krunk, der traurigen Weise vom Kranich, der um Nachricht aus dem verlorenen Heimatland angefleht wird. Auch Komitas hatte das tragische Schicksal seines Volkes beim Genozid in exemplarischer Weise durchlitten. Trotz seiner Rettung aus der Deportation 1915 durch internationale Intervention stürzten ihn die Geschehnisse in vollkommene geistige Zerrüttung, von der er sich nie mehr erholen sollte. Bis zu seinem Tod 1935 vegetierte der „Vater der armenischen Musik" in einer psychiatrischen Klinik bei Paris.

Zum Abschluss, bevor er uns zum Imbiss mit leckeren Früchten und Gebäckstückchen einlud, spielte Hakobyan zwei Lieder auf einem „besonderen" Klavier. Es hatte einst als Geschenk des letzten Zaren Romanow an die belgische Königin den Weg nach Brüssel gefunden, war vor einigen Jahren aber bei ihm angekommen, ohne dass er zunächst den „herrschaftlichen" Weg gekannt hatte.

***

Die „Kaskade" war unser nächstes Ziel. Die marmorweiße Stiege mit mehreren künstlerisch gestalteten Terrassen verläuft im Norden von Jerewans Zentrum vom französischen Platz über 600 Stufen hinauf zum Siegespark oberhalb des Zentrums mit einer Aussichtsterrasse und einem riesigen Obelisken, der an den 50. sowjetisch-armenischen Jahrestag der Oktoberrevolution 1917 erinnern soll. Westlich der Kaskadenspitze befindet sich das Aznavour-Center, das neben einer Präsentation des Lebens und Werks von Charles Aznavour für Ausstellungen, Konferenzen und Konzerte genutzt wird. Es war 2017 im Beisein des französischen Präsidenten Emmanuel Macron and des armenischen Präsidenten Armen Sarkissian eröffnet worden.

Der Platz zwischen der Oper und dem Fuß der monumentalen Stiege ist ein öffentlicher Skulpturenpark, der einer der beliebtesten Treffpunkte für Touristen und Einheimische ist. In der Grünanlage sind Skulpturen internationaler Bildhauer wie Fernando Botero, Tom Hill, Barry Flanagan und Joana Vasconcelos aufgestellt. Hier steht auch ein Denkmal zu Ehren Alexander Tamanjans, das ihn über einen Planungstisch gebeugt zeigt.

Rund um den französischen Platz stehen Skulpturen, mit denen große Dichter, Musiker und Maler geehrt werden sollen. Neben Komitas sind dies der Maler Martiros Sarjan (1880-1972), der „König der Lieder" Sayat Nova (1712-1795), der Schriftsteller William Saroyan (1908-1981) und der Komponist Aram Chatschaturjan (1903-1978). Letzterer erlangte Weltruhm mit seinem Klavierkonzert, dem Violinkonzert und dem Ballett Gayaneh, das sein bekanntestes Werk enthält, den Säbeltanz. Breite Bekanntheit erhielt der Säbeltanz durch den Film „Eins, Zwei, Drei" von Billy Wilder von 1961, in dem Liselotte Pulver zu der Musik auf einem Tisch tanzend sowjetischen Agenten den Kopf verdreht, sowie in den 1970er Jahren durch die

Verwendung in einer weit verbreiteten Fernsehwerbung für einen Kaffeelikör („Komm Brüderchen trink – Kosakenkaffee!").

In der kleinen Grünanlage rund um das Denkmal von Sarjan befindet sich ein ständiger Künstlermarkt. Hier werden vor allem Gemälde einer Jerewaner Künstlergruppe ausgestellt und zum Kauf angeboten. Nachdem wir längere Zeit durch die Freiluft-Galerie, in der mehrere Künstler Bilder sehr unterschiedlichen Stils anboten, geschlendert waren und zwei Mitreisende nach kurzer Verhandlung etwas gekauft hatten, spazierten wir vorbei am Nationaltheater zur Fußgängerzone im nördlichen Boulevard. An der Ecke zur Abovian-Straße ließen wir uns vor einem Restaurant zum Kaffee oder Bier nieder und genossen das Treiben am Nationalfeiertag.

Samuel begann herumzutelefonieren, um den Verbleib unseres Gepäcks zu eruieren. Marinas Koffer war zwischenzeitlich in ihrem Hotel angeliefert, aber wieder mitgenommen worden, da sie versäumt hatte, ihre Verlustbestätigung an der Rezeption zu hinterlassen. Ich hatte meine zwar dagelassen, der Verbleib meines Koffers blieb jedoch weiter ungeklärt. Zumindest bis ich im Hotel zurück war. Dort stand er nämlich in der Gepäckecke bei der Rezeption, wo ich ihn zufällig fand. Der Rezeptionist wusste nämlich von nichts, obwohl er vermutlich den Koffer entgegengenommen hatte. (Bis zum Ende meines Aufenthaltes in Armenien konnte ich mich mehrfach davon überzeugen, dass armenische Rezeptionisten nicht in die Kategorie „Hellste Kerze auf der Torte" fallen.) Immerhin konnte jetzt für mich alles gut werden.

***

Später trafen wir uns zum ersten gemeinsamen Abendessen mit armenischen Spezialitäten und musikalischer Begleitung. Jetzt lernten wir mit voller Wucht kennen, was armenische Küche kann und Bewirtung bedeutet. Denn bereits bei der Vorspeise wird der Tisch mit unzähligen Platten mit allerlei Köstlichkeiten überhäuft. Es werden viele verschiedene, überwiegend rohe Gemüsesorten, Kräuter, Käse, Wurst und Eingelegtes gereicht. Typisch für den Vorspeisengang sind die Kräuter, die roh gegessen werden: Petersilie, Basilikum, Minze, Dill, Lauch etc. Niemals fehlen dürfen Gurken und Tomaten, die herrlich schmackhaft und kaum vergleichbar sind mit dem, was wir unter diesem Namen kennen.

Die Armenier essen gerne und viel, vor allem abends, denn dies ist der Zeitpunkt für die tägliche Hauptmahlzeit. Alle Gänge werden vom Hauptnahrungsmittel Lavasch, dem hauchdünnen, knusprigen Fladenbrot, begleitet, sind aber auch ohne Brot schon extrem reichhaltig und vielfältig. Es wird gerne gesehen, wenn man alles probiert, was für einen untrainierten deutschen Magen nicht einfach ist, auch wenn man sich nur kleinste Häppchen gönnt. Lavasch wurde übrigens 2014 von der UNESCO zum immateriellen Weltkulturerbe erklärt. Traditionell wird das hauchdünne Brot lediglich aus Mehl, Salz und Wasser bereitet und auf den heißen Flächen eines Backofens gebacken. Getrocknet hält es viele Monate.

Und getrunken wird natürlich gerne und viel. Neben Fruchtsäften, dem vorzüglichen armenischen Mineralwasser und armenischen Weinen trinkt man viel Hochprozentiges während des Essens: meist selbstgebrannten Schnaps aus Aprikosen, Wacholder oder Maulbeeren mit besonders vielen Umdrehungen und natürlich Weinbrand. Weltberühmt ist der gerne auch als Cognac bezeichnete armenische Weinbrand, der seit 150 Jahren hergestellt wird. Das trockene und warme Klima, der nährstoffreiche Boden des Ararat-Tals, in dem die traditionellen Weinbaugebiete liegen, und das weiche Wasser aus den Bergen liefern hierfür günstige Voraussetzungen.

Auch Churchill soll den beliebten Cognac namens Ararat geschätzt haben. Angeblich soll ihm Stalin jährlich 365 Flaschen nach London geschickt haben. Da der Begriff Cognac international geschützt und den französischen Weinbränden der entsprechenden Region vorbehalten ist, dürfen inzwischen nur die armenisch oder kyrillisch beschrifteten Flaschen noch diesen Namen tragen, sonst wird er als Armenischer Brandy bezeichnet. Eine Besichtigung der Ararat-Destillerie war für den folgenden Tag angesetzt.

Ähnlich wie in Georgien kommt auch in Armenien dem Tamada eine besondere Rolle bei den Mahlzeiten zu. Er ist als Tischvorsitzender der Hausherr oder ein angesehener Mann, der für eine unterhaltsame Atmosphäre während der stundenlangen Mahlzeiten sorgt und immer wieder Trinksprüche auf die Gäste, die Frauen, die Liebe, die Gesundheit etc. ausbringt. Mit seinem Trinkspruch wird in der Regel eine Trinkrunde eingeleitet. In unserem Fall war Samuel der Tamada, der im Laufe des Abends zu unserer Erbauung auch die altbekannten Witze von Radio Eriwan zum Besten gab.

Radio Eriwan war ein fiktiver Radiosender gewesen, der unter dem sozialistisch-kommunistischen Sowjetregime Zuhörerfragen beantwortete. Dahinter verbargen sich teils politische, teils unmoralische Witze, die die Lebensverhältnisse in den sozialistischen Ländern des 20. Jh. betrafen. Ihre Antworten begannen meist mit „Im Prinzip ja, aber ....". Ein typischer Witz, den auch Samuel brachte, war: „Frage an Radio Eriwan: „Stimmt es, dass Adam und Eva das erste sozialistische Paar waren?" „Im Prinzip ja, sie hatten keine Wohnung und nichts zu essen, aber sie lebten im Paradies.""

Im Lokal waren vier Musikanten unterwegs, die in den verschiedenen Räumen aufspielten und auch uns zweimal beglückten. Neben der Zylindertrommel Dhol und der Duduk kamen die Stachelgeige Kamantsche (armenisch: Kjamanča) und die Kastenzither Kanun zum Einsatz. Die Kamantsche ist mit einem einfachen, runden Resonanzkörper aus Kürbis, Kokosnuss oder Holz und langem, dünnen Hals versehen und gehört daher in die Gruppe der Langhalsgefäßspießlauten. Sie wird mit einem Bogen gestrichen.

Das trapezförmige Kanun ist aus Holz gefertigt und mit 63 bis 84 Saiten bespannt, wobei je drei Saiten einem Ton zugeordnet sind. Sie werden mit einem Plektrum gezupft, das wie ein Fingerhut auf den Zeigefinger gesteckt wird. Das Instrument liegt auf dem Schoß des Musikers oder vor ihm auf dem Tisch. Bei der uns dargebotenen Unterhaltung wurde das Kanun von einer charmanten Armenierin perfekt und äußerst virtuos beherrscht.

22. September 2019, Jerewan Teil 2 und Etschmiadsin

Das erste Tagesziel war die Genozid-Gedenkstätte auf dem Tsitsernakaberd, dem „Schwalbenfestung" genannten Hügel im nordwestlichen Stadtgebiet von Jerewan. An diesem Morgen war die Luft klar, so dass der 60 km entfernten Berg Ararat mit seinem Doppelgipfel sehr gut zu erkennen war. Außerdem bot sich ein überwältigender Überblick über die Stadt und die Ebene vor dem heiligen Berg, an dem Noah mit seiner Arche am Ende der Sintflut gelandet sein soll (konkrete Hinweise hierauf gibt es keine, obwohl die Reliquiensammlung des Museums der Kathedrale von Etschmiadsin ein Stück einer Holzplanke der Arche besitzen soll).

Die Gedenkstätte besteht aus dem Museum des Völkermordes, der 100 m langen Mauer des Schweigens und einem nadelspitzen Basaltobelisken neben einer kreisförmigen Anordnung von Basaltstelen, in deren Rund sich eine Ewige Flamme befindet. Die 12 nach innen geneigten Basaltplatten erinnern an die 12 Provinzen im Osmanischen Reich, in denen 1915 und 1916 mindestens 1,5 Millionen Menschen systematisch ermordet worden waren. Der 44 Meter hohe, senkrecht gespaltene Obelisk symbolisiert die Teilung des historischen armenischen Siedlungsgebiets in ein westliches und ein östliches Gebiet, wobei das östliche der heutigen Republik entspricht und das westliche als Teil Anatoliens der Bereich ist, in dem der Völkermord stattfand. Auf der Mauer des Schweigens sind auf der Vorderseite die Orte und Städte vermerkt, in denen die Opfer des Massakers wohnten, und auf der Rückseite Namen von Personen, die sich während und nach dem Völkermord für die Opfer eingesetzt haben (Johannes Lepsius, Franz Werfel, Henry Morgenthau, Fridtjof Nansen, Papst Benedikt XV. u.a.).

Im Jahr 1995 wurde zum 80. Jahrestag des Genozids das unterirdisch angelegte Museum des Völkermordes an den Armeniern eingeweiht und 20 Jahre später modernisiert und deutlich erweitert. In 12 Räumen werden auf 23 Stationen und unter 50 Hauptüberschriften die schrecklichen Ereignisse der Vergangenheit veranschaulicht. Alle Texte, Darstellungen und Erklärungen entsprechen der aktuellen Genozid-Forschung. Auf zahlreichen Fotografien ist deutlich die Trauer und das Entsetzen in den Gesichtern der armenischen Opfer zu sehen. Besonders auffällig ist die Brutalität der Täter, die ähnlich vorgegangen sind wie heutzutage der sog. IS: Abhacken von Gliedern, Verbrennen von Kindern, massenweise Kreuzigung armenischer Christen etc.

***

Nach diesem eher bedrückenden Besuch grenzte der nächste Programmpunkt fast schon an Pietätlosigkeit, als wenn bei der Besichtigung der Ararat-Destillerie mit der kleinen Degustation am Ende des Besuchs die nachhaltigen Eindrücke hinuntergespült werden sollten. Unser Reiseleiter hatte einen Zeitschlitz für eine halbstündige Führung durch die Lagerhallen und das kleine Museum organisiert. Eine nette Angestellte der Cognacfabrik klärte uns über die bis zu 100 Jahre alten Inhalte in den Hunderten von Eichenfässern auf, machte uns mit den Produktionsmethoden und der Herkunft der Ingredienzen vertraut, berichtete uns von vielen prominenten Besuchern (z.B. Politiker und Künstler) und zeigte uns interessante Ausstellungsstücke wie Medaillen, alte Flaschen und noch ältere Fotos.

Wie oben bereits erwähnt, darf der Begriff Cognac nicht auf den lateinisch beschrifteten Flaschen verwendet werden. Man lege aber großen Wert darauf, dass es sich bei den Ararat-Produkten um Cognac handele, da sie aus Weintrauben hergestellt werden, erläuterte sie uns. Ein Brandy (Weinbrand) könne dagegen aus allen möglichen Obstsorten destilliert werden, was aber hier nicht der Fall sei. Diese Aussage war allerdings falsch, denn laut EU-Regularien ist Weinbrand ein geschützter Begriff für eine Spirituose, deren Alkoholinhalt immer und vollständig aus Wein entstammt. Evtl. hatte sie dabei eher an den Begriff Spirituose oder Schnaps gedacht, vor allem (selbstgebrannten) Aprikosen- und Maulbeerschnaps konnten wir während unserer Rundreise häufiger genießen. Unstrittig ist jedoch, dass mit dem gesetzlich geschützten Begriff Armenischer Weinbrand hochwertiger Weinbrand aus Armenien bezeichnet wird, dessen Grundwein nur aus einheimischer Produktion stammen darf.

In einer Nische der Lagerhalle machte sie uns auf ein als „Friedensfass" bezeichnetes Cognacfass aufmerksam. Es war 2001 zum Andenken an den ungelösten Karabach-Konflikt, der viele Todesopfer gefordert hatte, abgefüllt und aufgestellt worden. Es solle erst wieder geöffnet werden, wenn Armenien und Aserbaidschan Frieden geschlossen haben. Bis dato herrscht nur Waffenstillstand.

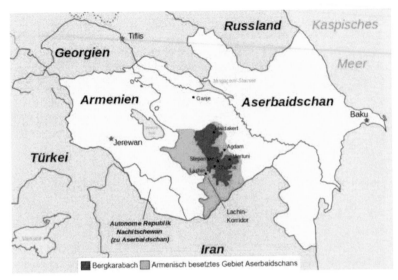

Abb. 3: Karte des Konfliktgebiets zwischen Armenien und Aserbaidschan
(Quelle: de.wikipedia.org/wiki/Bergkarabach)

Abb. 4: Sankt-Gajane-Kirche

Der Konflikt um die Region Bergkarabach, die von aserbaidscha-
nischem Gebiet umschlossen ist, schwelt schon seit einem Jahrhundert und lebte nach dem Zerfall der Sowjetunion vehement auf. Vor
allem 1992, als es zu Massenmorden in aserbaidschanischen und
armenischen Dörfern kam. Armenische Truppen besetzten Bergkarabach und die westlichen angrenzenden aserbaidschanischen Gebiete und unterstützten die lokalen Truppen 1994 bei der Ausrufung
der de-facto-selbständigen Republik Bergkarabach, die sich seit
2017 Republik Arzach nennt.

Das 11.500 km² große Gebiet mit 135.000 Einwohnern (das Emirat Katar hat etwa die gleiche Größe, jedoch zwanzigmal mehr Einwohner) gehört völkerrechtlich zu Aserbaidschan, wird aber von Armenien als eigenes Staatsgebiet betrachtet. Daher kann jeder Armenier und Armenientourist ohne Probleme von Armenien nach
Bergkarabach einreisen. Während des Konfliktes starben nach Angaben der International Crisis Group auf beiden Seiten rund 30.000
Menschen, eine Million wurde vertrieben.

Zum Abschluss erklärte uns die Ararat-Mitarbeiterin, wie man
Cognac genießt (im Glas schwenken, bis es ölig herunterläuft) und
überließ uns mit einem drei- und einem zehnjährigen Ararat unserem
eigenen Schicksal, da auf sie schon die nächste Gruppe wartete.
Nach der Probe hätten wir im fabrikeigenen Direktverkauf zuschla-
gen können, aber der ältere Cognac war mir zu teuer und zum jüngeren (ebenfalls 40%ig) kommentierte ein mitreisender Cognac-
Fachmann: „Den kauf ich doch nicht, da wird ja nicht mal mein Wel-
lensittich besoffen." Das war natürlich ein unschlagbares Argument,
das mich endgültig vom Kauf abhielt.

***

Die anderen Besichtigungsziele des Tages lagen außerhalb von
Jerewan, nämlich im 20 km westlich gelegenen Etschmiadsin. Wag-
harschapat, wie Armeniens viertgrößte Stadt (2009: 57.250 Einwohner) seit 1995 offiziell genannt wird, war vom 2. bis zum 4. Jh. Armeniens Hauptstadt. Mit seiner Kathedrale ist es heute der Sitz des
Katholikos Aller Armenier, des geistlichen Oberhauptes der Armenischen Apostolischen Kirche. Der Name Etschmiadsin bedeutet so
viel wie „Herabgestiegen ist der Eingeborene", da die Kathedrale an
der Stelle gebaut worden war, an der Christus Gregor dem Erleuchter erschienen sein soll.

Die Stadt besitzt zwei weitere, sehr bekannte Kirchen und ist zusammen mit der nahegelegenen archäologischen Fundstätte von Swartnoz seit dem Jahr 2000 UNESCO-Weltkulturerbe. Etschmiadsin hat sich in den letzten Jahrhunderten zum geistigen Zentrum Armeniens entwickelt, in das es Pilger aus aller Welt zieht.

Im Zentrum des ziemlich dörflich wirkenden Etschmiadsin liegt das riesige Kirchenzentrum mit Kathedrale, Residenz des Katholikos, Seminargebäude, Wohnheimen, Bibliothek, Druckerei, Glockenturm, Schatzkammer und Klostergarten. Die Grundmauern der Kathedrale, die nach der Zerstörung durch einen Perserüberfall im Jahr 384 wiederaufgebaut wurde, gehen auf das Jahr 303 zurück, als der erste Kirchenbau der Gottesmutter Maria geweiht worden war. Gregor hatte mit dem Bau zwei Jahre zuvor an der Stelle begonnen, an der sich ein heidnischer Feuertempel befunden und die ihm Jesus mit einem Feuerhammer gezeigt hatte.

In den nachfolgenden Jahrhunderten kam es durch diverse Fremdherrscher zu weiteren Zerstörungen, was aber immer wieder zum schöneren, reicheren und größeren Neuaufbau führte. Trotzdem zählt die Kathedrale zu den frühesten christlichen Gottesbauten. Alle anderen Bauten der Klosteranlage sind wesentlich jüngeren Datums. Am Ostrand wird das Gelände durch das 2001 errichtete, moderne Gregor-Tor mit einem imposanten Freiluftaltar begrenzt, dessen Stil von Samuel vehement kritisiert wurde. Immerhin ist es aus dem gleichen Stein gebaut wie die meisten anderen Gebäude der Anlage.

Gregor der Erleuchter bzw. Gregor Illuminator, der Apostel Armeniens, war der erste Katholikos gewesen. Durch ihn wurde im Jahre 301 das Christentum zur armenischen Staatsreligion, als König Trdat III. und seine Familie nach dessen wundersamer Heilung durch Gregor sich taufen ließen und zum Christentum bekannten. Zuvor war Gregor von diesem König zu 13 Jahre Kerkerhaft im späteren Kloster Khor Virap in der Ararat-Ebene in einer Schlangengrube eingesperrt gewesen. Das Kloster besuchten wir am Folgetag. In Armenien gibt es kaum ein Kloster, in dem nicht wenigstens eine Kapelle Gregor geweiht ist, oder eine Stadt, in der wenigstens eine Straße oder ein Platz seinen Namen trägt.

***

Die beiden anderen, häufig besuchten Kirchen in Etschmiadsin sind Surb Gajane und Surb Hripsime („Surb" bedeutet „Sankt"). Die im 7. Jh. errichtete Sankt-Gajane-Kirche liegt wenige hundert Meter südlich der Kathedrale und ist nach der Lehrerin von Hripsime benannt, die auf der Flucht vor dem römischen Kaiser und Tyrann Diokletian an dieser Stelle den Märtyrertod gestorben war. Sie war von König Trdat begehrt worden, der zuvor auf Hripsime ob deren außergewöhnlichen Schönheit scharf gewesen war, die sich ihm jedoch verweigert hatte und deswegen gefoltert und geköpft worden war. Auch Gajane als tiefgläubige Nonne war standhaft geblieben, musste ihre Verweigerung mit Folter bezahlen und wurde genauso grausam getötet wie die anderen 70 Nonnen, die sie auf der Flucht begleitet hatten. Aber das war ja ein Jahr vor Trdats Taufe gewesen, danach wäre das sicher nicht mehr passiert.

Bei unserer Besichtigung war hier gerade eine Hochzeit zugange, wobei das Brautpaar mit seiner Entourage beim Gang zur Kirche per Drohne gefilmt wurde. Ob die Drohne auch in der Kirche zum Einsatz kam, wissen wir nicht, da wir nicht zu den geladenen Gästen zählten und daher das Gelände bald verließen.

Einen Kilometer östlich der Kathedrale steht am Ortsrand von Etschmiadsin die Sankt-Hripsime-Kirche. Sie war zu Anfang des 7. Jh. über dem Mausoleum der heiligen Hripsime vollendet worden und zählt damit zu den ältesten erhaltenen Kirchen des Landes. Sie stellt einen vollständig ummantelten Tetrakonchos mit halbrunden Apsiden in den vier Ecken dar. Diese frühchristliche armenische Sakralarchitektur hat in der Folge eine stilprägende Wirkung entfaltet.

Zum Abschluss unseres Besichtigungsausflugs suchten wir die bereits erwähnte archäologische Fundstätte bei Swartnoz auf, die nahe zum Internationalen Flughafen liegt. Da dieser nur durchschnittlich etwas mehr als eine Landung und einen Start pro Stunde zu bewältigen hat, wird man bei der Besichtigung der Ruinen des Kuppelrundbaus aus dem 7. Jh. kaum durch Fluglärm belästigt. Der Überlieferung nach soll die prächtige Kirche, die im Jahr 930 bei einem starken Erdbeben einstürzte, nach ihrer Einweihung bis ins ferne Konstantinopel einen so enormen Eindruck hinterlassen haben, dass man dort einen ähnlichen Bau errichtete. Das armenische Vorbild soll fast 50 m hoch gewesen sein. Wie großartig es einst gewesen sein muss, lässt sich an den Überresten der gewaltigen, über Bögen verbundenen Säulen mit den teils erhaltenen Voluten-Kapitellen immer noch erahnen.

Abb. 5: Sankt-Hripsime-Kirche

Abb. 6: Die Ruine von Swartnoz

23. September 2019, Fahrt in den mittleren Süden

Nachdem wir Jerewan verlassen hatten, begleitete uns fast einen Tag lang der Anblick des mächtigen Ararat-Massivs. Armeniens Nationalsymbol liegt ganz im Osten der Türkei nahe zur armenischen Grenze, ist jedoch für Armenier unerreichbar, da für sie die Grenze seit Ende des Ersten Weltkrieges faktisch unpassierbar ist. Der Grenzverlauf zwischen der Sowjetunion und Armenien war zwar im Vertrag von Kars 1921 geregelt worden, aber wegen der Weigerung der Türkei, den Völkermord an den Armeniern anzuerkennen, ist bis heute keine Aufnahme diplomatischer Beziehungen zwischen den beiden Ländern möglich gewesen.

Der Ararat ist ein ruhender Vulkan, der im 3. Jahrtausend vor unserer Zeitrechnung noch aktiv war. Sein Hauptgipfel hat eine Höhe von 5.137 m, sein Nebengipfel ist 3.896 m hoch. Sowohl im Staatswappen der Armenischen SSR als auch im Wappen des heutigen Armeniens ist er abgebildet. So sehr zum Missfallen der Türkei, dass sie einst mit dem Hinweis, dass der Berg auf türkischem Territorium liege und deshalb nicht von Armenien oder der Sowjetunion vereinnahmt werden dürfe, dagegen protestierte. Der sowjetische Außenminister Gromyko konterte später mit dem Hinweis, dass im Gegensatz dazu die Türkei den Mond als eine Mondsichel in der Flagge führe, obwohl weder der Mond noch ein Teil davon zur Türkei gehörten.

Unmittelbar an der Grenze zur Türkei, nordöstlich des Araratgipfels, liegt das Kloster Khor Virap in der Provinz Ararat zwischen der Provinzhauptstadt Artaschat und der Kleinstadt Ararat – in Armenien ist alles Mögliche nach dem heiligen Berg benannt worden. Wenn man 300 m vor Erreichen des Besucherparkplatzes anhält, kann man Armeniens beliebtestes Fotomotiv ablichten: das Kloster auf dem Südhang eines kleinen Hügels, davor Weinreben, dahinter der schneebedeckte Gipfel des Ararat. Daher war es nicht verwunderlich, dass sich schon viele Busse und viele hundert Besucher eingefunden hatten, obwohl wir relativ früh eintrafen.

Es waren auch schon mehrere Verkaufsstände geöffnet, an denen man für 2 € eine weiße Taube erwerben konnte, die man mit guten Wünschen für sich oder den Frieden fliegen lassen kann. Einst soll hier ja Noah mittels einer Taube herausgefunden haben, dass sich das Wasser der Sintflut nach seiner Anlandung zurückgezogen hatte. (Die heutigen Tauben kehren abends in ihren Verschlag heim, um am folgenden Tag erneut „verkauft" zu werden.)

Kunsthistorisch hat das Kloster kaum Bedeutung, ist aber ein beliebtes Ausflugsziel für Touristen und das wichtigste Pilgerziel für Armenier, da sie hier zu den Ursprüngen ihres Glaubens und ihrer Kirche zurückfinden. In die Wehrmauer eingebunden, die das Kloster umgibt, erhebt sich nämlich die St.-Georgs-Kapelle über dem Verlies, in dem der Heilige Gregor jahrelang eingeschlossen war. Sie war ursprünglich 642 gebaut worden, wurde aber mehrfach ersetzt bzw. neu gebaut. In ihren Boden sind zwei Löcher eingelassen, durch die man in die Höhlenzelle, in der Gregor gefangen gehalten worden sein soll, sowie in eine ähnliche unterirdische Zelle hinabsteigen kann. Gregors Verlies war 6 m hoch und hatte einen Durchmesser von 4,5 m. Untersuchungen haben ergeben, dass die Mauern tatsächlich aus dem 4. Jh. stammen.

Den Hauptteil der ziemlich kleinen Klosteranlage bildet die schlichte Muttergotteskirche, eine Kreuzkuppelkirche, die im 17. Jh. entstand, ebenso wie die Mönchszellen und Wirtschaftsgebäude. Interessantestes Detail ist ein Relief, das Gregors Geschichte und seine Traumvisionen mit Engeln zeigt.

Wenig ratsam ist allerdings ein Besuch der Toilette beim Kloster, wenn es nicht zwingend erforderlich ist, da sie sich trotz Eintrittsgeld in einem desolaten hygienischen Zustand befindet, wovon ich mich überzeugen durfte, als ich in der Warteschlange endlich bis nach vorne aufgerutscht war. Aber leider plagten mich ab diesem Zeitpunkt ständig ernsthafte Verdauungsschwierigkeiten, deren Beseitigung i.d.R. keinen großen zeitlichen Aufschub duldete. Da ich leidenschaftlicher Leitungswassertrinker bin und auch gerne viel frisches, mit Leitungswasser gewaschenes Gemüse und Obst esse, wie es in Armenien ständig zu den Mahlzeiten angeboten wird, änderte sich an der Situation erst etwas, nachdem ich wieder zwei Tage zuhause war.

Nur wenige Meter südlich des Klosters liegt die Ausgrabungsstätte der ehemaligen Stadt Artaxata. Sie war ca. 180 v.Chr. von König Artaxias durch Hannibal erbaut worden und blieb sieben Jahrhunte lang Armeniens Hauptstadt. Die Stadt soll groß und prächtig gewesen sein, war von einer hohen Festungsmauer mit Wachtürmen umgeben und wurde als das "Armenische Karthago" bezeichnet. Sie war ein Zentrum der hellenistischen Kultur in Armenien, das erste Theater Armeniens wurde hier gebaut.

***

Zurück auf der Fernstraße M2 fuhren wir nach Süden durch das fruchtbare Ararat-Tal. In Yerashkavan legten wir einen kurzen Stopp zum Essen, Einkaufen und Verdauen ein. Der trostlose Ort liegt an der vom armenischen Militär bewachten Grenze zur aserbaidschanischen Exklave und autonomen Republik Nachitschewan. Sie ist von Armenien, der Türkei und dem Iran umschlossen, hat also keine Landverbindung zum Kernland Aserbaidschan. Seit dem Krieg zwischen Armenien und Aserbaidschan von 1992 bis 1994 verlaufen die wichtigsten Verkehrsverbindungen mit dem Mutterland über iranisches Territorium, da die Grenze von Armenien zu Aserbaidschan geschlossen ist. Nachitschewan hat mit 5.500 km² und 373.000 Einwohnern (2005) in etwa die Größe und Bevölkerungszahl des Sultanats Brunei.

Ab Yerashkavan quält sich die M2 nach Osten durch eine steinige, karge Gebirgslandschaft. Dabei durchquert die kurvige Panoramastraße auf fünf Kilometer Länge eine winzige, unbewohnte Exklave Nachitschewans. An zwei weiteren Stellen im Nordosten Armeniens in der Provinz Tawusch gibt es in der Nähe der Grenze ebenfalls winzige aserbaidschanische Exklaven. Umgekehrt gibt es östlich des Sewansees kurz hinter der Grenze auch eine armenische Exklave, die seit dem Bergkarabach-Konflikt unbewohnt und von Aserbaidschan besetzt ist. Laut Samuel gehen diese eigenartigen Grenzverläufe auf Stalin zurück, der in seiner unendlichen Weisheit entsprechende Vereinbarungen zwischen den damaligen Sozialistischen Sowjetrepubliken Armenien und Aserbaidschan geschlossen haben soll.

Die kurvenreiche Bergstraße fällt an vielen Stellen seitlich steil ab. In den Tälern sieht man an mehreren Stellen Wracks in die Tiefe gestürzter Autos, was bei dem relativ guten Zustand der Straße erstaunlich ist. Aber vermutlich waren in früheren Zeiten die Straßenbedingungen abenteuerlicher, so dass es in engen Kurven bei miserabler Fahrbahn und Gegenverkehr wohl häufiger zu wahrscheinlich tödlichen Begegnungen gekommen sein muss. Die M2 ist die einzige und wichtigste Verbindung von Jerewan zum Iran und nach Bergkarabach, ist daher stark von Militärkolonnen und iranischen LKW befahren.

Autowracks sieht man fast überall in der armenischen Landschaft. Manchmal liegen sie an Stellen, wo man sich fragen muss, wie sie jemals dorthin kommen konnten. Allerdings bleiben manche nicht ungenutzt, z.b. werden sie als Scheune, Schuppen oder Verkaufsstand genutzt. Wir haben sogar mehrere ausrangierte Busse gesehen, die zu Bienenkästenregalen umgebaut waren. Auch sonstiger Müll findet sich leider an vielen Stellen, vor allem natürlich an den Rändern der Straßen. Da scheinen die Armenier ähnlich „pragmatisch" zu sein wie viele Süd- und Osteuropäer.

Auf ca. 1.800 m Höhe erreichten wir den Tukh Manuk Pass, wo wir die Grenze von der Provinz Ararat zu Armeniens am dünnsten besiedelter Provinz Vajots Dzor überquerten. Vom Pass ging es in moderatem Gefälle in sanften Kurven hinab durch das Weinbaugebiet von Areni und das fruchtbare Arpa-Tal zum Verwaltungszentrum Jeghegnadsor mit 8.300 Einwohnern. Die Provinz ist reich an Quellen und Gebirgsbächen, von denen die meisten dem Arpa zufließen.

In der Nähe der Kleinstadt Areni hat man in einer Höhle den bislang ältesten, vollständig erhaltenen Lederschuh gefunden, der auf etwa 3500 v.Chr. datiert wird. Außerdem wurden viele tausend Jahre alte Tontöpfe freigelegt, die als Vorratsbehälter für Getreide, Aprikosen und andere Nahrungsmittel gedient hatten, sowie eine Weinpresse von etwa 4000 v.Chr. Diese Funde zeigen, dass sich die Weinproduktion schon damals in einem gut entwickelten Stadium befunden haben muss.

Heute wird in der Region vor allem ein trockener Rotwein gekeltert, der weit über die Landesgrenze hinaus bekannt ist. Trotz 6.000 Jahr alter Weinbautradition und -erfahrung ist armenischer Wein bei uns kaum bekannt, da er früher fast vollständig von den durstigen Sowjetbürgern aufgesogen wurde und danach sich andere, noch fernere Länder als Weinproduzenten in den Markt und das Bewusstsein der deutschen Weintrinker gedrängt haben.

***

Unser erstes Ziel in der Provinz Vajots Dzor war das Kloster Noravankh aus dem 13. Jh. Dieses liegt am Ende einer Schlucht, in die man kurz nach Areni von der M2 einbiegt. Sie ist vom Amaghu, einem Zufluss des Arpa, in die Kalkfelsen gegraben worden und führt in eine Bergwelt von überwältigender Schönheit, in der sich unzählige Höhlen im Gestein finden. Hier sind viele verschiedene Fledermausarten heimisch, von denen einige vom Aussterben bedroht sind. Am Ende der Schlucht weitet sich das Tal, die schroffen Felsen erscheinen in einem dunklen Rot und vor mächtigen Steilhängen stößt man auf das Kloster, das sich dank seiner hell-rötlichen Fassaden und des rötlichen Steins unauffällig in die malerische Umgebung einfügt.

Noravankh ist eines der schönsten Klöster Armeniens mit außergewöhnlichen Miniaturen und Kreuzsteinen. Sogar in der Nachsaison kann der Besucherparkplatz die riesigen Touristenbusse und vielen PKW der Besucher kaum aufnehmen. Die Umgebung ist aufgrund der bizarren und teils senkrechten Felswände ein beliebtes Kletterziel. Das Kloster hat ein eigenes Restaurant, das leckere Speisen zu vernünftigen Preisen den Besuchern anbietet, wovon wir uns praktisch überzeugten.

Gestärkt legten wir die wenigen Meter zum Durchgang an der Wehrmauer zurück, die die gesamte Anlage umgibt. Die Schäden durch das schwere Erdbeben 1840, das erhebliche Zerstörungen verursacht hat, kann man trotz der 50-jährigen Restaurierung ab Mitte des 20. Jh. noch an einigen Gebäuderuinen erkennen. Seit 1996 steht das Kloster auf der Tentativliste der UNESCO.

Das auffälligste Bauwerk ist die der Muttergottes geweihte Mausoleumskirche, Surb Astvatsatsin, die 1331-1339 errichtet wurde. Sie besitzt drei Ebenen, wobei die mittlere auf der Nordwestseite über zwei schmale, steile Außentreppen erreichbar ist. Geplant und innen künstlerisch verziert wurde sie von dem Mönch, Bildhauer und Handschriftenmaler Momik, der vor der Fertigstellung der Kirche verstarb.

Über ihn berichtet eine Legende, dass er sich unsterblich in eine Fürstentochter verliebt haben soll, der Papa aber darüber wenig erbaut war und ihm angeboten habe, sie ihm zur Frau zu geben, wenn er innerhalb von drei Jahren eine sehr prächtige Kirche von unglaublicher, unvergleichbarer Schönheit bauen würde. Momik ließ

Abb. 7: Khor Virap

Abb. 8: Die Mausoleumskirche des Klosters Noravankh

sich auf den Handel ein, erbaute und verzierte die Noravankh-Kirche und als er am Ende der Frist gerade letzte Hand an der Kuppel der wunderbaren Kirche angelegt hatte, wurde er von einem Gesandten des Fürsten in die Tiefe und den Tod gestoßen.

***

Danach setzten wir auf der M12 unseren Weg fort, bis wir kurz vor Jeghegnadsor nach Norden auf die M10 abzweigten. Hier trafen wir auf ein historisches Stück einer Nebenroute der Seidenstraße, die von Persien aus den Kaukasus durchquerte. Bei Shatin bogen wir nach Osten ab, wo wir nach zehn Kilometern unser Tagesziel Hermon erreichten, ein 200-Seelendorf. In einem modernen Gästehaus mit idyllischem Garten, einer rustikalen Bar und großer Schwimmhalle an einer ruhigen Straße verbrachten wir zwei erholsame Tage.

24. September 2019, Wanderung und Weinprobe

Das Tagesprogramm war vom Reiseveranstalter nicht vollständig vorgeplant, sondern uns teilweise zur freien Verfügung überlassen. Aber was soll man schon Aufregendes in einer einsamen Umgebung machen, in der die nächste „Großstadt", nämlich das ländlich daherkommende Jeghegnadsor mit 8.300 Einwohnern und vielen Wohnblocks sowjetischer Plattenbauart, über 20 km entfernt ist? Daher einigten wir uns schnell auf eine von Samuel geführte Bergwanderung zur Burgruine Smbataberd, die oberhalb des Nachbardorfes Jeghegis auf einem Bergrücken liegt. Da der zwei Kilometer lange Weg einen Höhenunterschied von 400 m überwindet, konnten sich nicht alle Mitreisenden für den knapp zweistündigen Aufstieg über teils steile und schmale Wegstrecken begeistern, sondern entschieden sich zum Bleiben und Chillen in unserem Hotel, bis wir am frühen Nachmittag zurück waren. Danach war eine Fahrt nach Jeghegnadsor geplant, wo wir eine Weinprobe erlebten.

Die Ruinen der mächtigen Burgmauer Smbataberd stammen aus dem 10./11. Jh., aber die Burg, von der kaum noch was erhalten ist, dürfte viele Jahrhunderte früher, evtl. sogar schon vor unserer Zeitrechnung existiert haben. Bis zu ihrer mutmaßlichen Eroberung durch die Mongolen im 13. Jh. soll sie im Besitz der Orbelian-Fürstenfamilie gewesen sein, vielleicht wurde sie bereits im 11. Jh. von Seldschuken erobert und zerstört. Erstaunlicherweise weiß man sehr wenig über die Burg, obwohl die Festung von der im Tal vorbeiführenden Straße aus sichtbar ist. Sicher ist nur, dass sie ab dem 17. Jh. endgültig verfiel, als der Landstrich aufgrund der Zwangsumsiedlung der Bevölkerung durch Schah Abbas I. nach Persien entvölkert wurde.

Kurz bevor wir die Ruine erreichten, kamen wir an eine Weggabelung, wo der von Norden kommende Weg, der mit Geländewagen befahrbar ist, einmündete. Von hier aus ist die ca. drei Kilometer nordöstlich gelegene und nur zu Fuß erreichbare Ruine des ehemaligen Klosters Tsaghats Kar zu sehen, das im 5. Jh. gegründet worden war. Die beiden Baugruppen mit drei Kirchen und zwei Kapellen kleben an einem steilen Abhang eines über 3.500 m hohen Gebirgszuges in einer menschenleeren Umgebung. Von der östlichen Baugruppe sind die Kirche des heiligen Zeichens (Surb Nshan) aus dem

Jahr 939 und die Johannes-der-Täufer-Kirche (Surb Karapet) aus dem Jahr 1041 vorbildlich rekonstruiert worden, von der westlichen Gruppe, dem früheren Zentrum der Klosteranlage, sind nur Ruinen übrig. Vor der Westwand von Surb Nshan stehen zwei gewaltige Kreuzsteine aus dem 10. Jh.

Smbataberd liegt auf einer dreieckigen Fläche an der Südspitze einer Hügelkette auf 1.925 m Höhe, die fast rundherum steil in die umgebenden Täler abfällt. Besonders die erhaltenen mächtigen Mauern über dem östlichen Steilabsturz in Verbindung mit der strategisch günstigen Lage machen deutlich, dass die Festung nur schwer einnehmbar gewesen sein muss. Wir betraten die Ruine, die noch nicht vollständig ausgegraben ist, durch das Haupttor auf der Nordseite und konnten auf den runden Mauern der Zitadelle im Südwesten, dem höchstgelegenen Teil der Anlage, einen herrlichen Ausblick genießen.

Bald gesellte sich ein großer, schüchterner Hund zu uns, da er wohl Essen vermutete. Ein Mitreisender zweigte etwas Proviant für ihn ab, was er dankbar annahm und uns auf dem gesamten Rückweg ins Tal begleitete. Laut Samuel kommt er immer, wenn eine Wandergruppe unterwegs ist. Meistens begleitet er sie vom Tal hoch zur Ruine und wieder zurück. Auf dem Rückweg kehrten wir kurz in ein rustikales „Freiluft-Café" ein, wo wir von äußerst netten Leuten mit Kaffee, Bier und anderen Getränken bewirtet wurden. Unser Begleithund wartete geduldig ab, bis wir uns erfrischt hatten, und führte uns die restliche Viertelstunde zurück zur Straße, wo wir von Sergej mit dem Bus abgeholt wurden.

***

Im Gästehaus wurden die restlichen Mitglieder unserer Reisegruppe eingesammelt und wir fuhren in die wenig attraktive, jedoch historisch bedeutsame Provinzhauptstadt. Denn in ihrer Nähe befinden sich weitere alte Kirchen und Klöster sowie der mutmaßliche Ort der 1282 gegründeten Universität Gladzor. Einer der Gründer war der schon erwähnte Architekt, Bildhauer und Buchmaler Momik.

Die Universität existierte zwar nur bis 1338, war aber mit 350 Gelehrten von großer Bedeutung für das armenische religiöse und philosophische Geistesleben. Sie nahm eine führende Stellung bei der Selbstbehauptung der Armenischen Apostolischen Kirche gegen die römisch-katholischen Missionare ein, die Armenien dem Papst unterstellen wollten. Das sieben bis acht Jahre dauernde Ausbildungsprogramm beinhaltete die klassischen sieben Fächer, wobei zunächst die drei Fächer Logik, Grammatik und Rhetorik unterrichtet wurden, gefolgt von den vier Fächern Arithmetik, Geometrie, Musik und Astronomie. Einen Schwerpunkt bildeten außerdem Miniaturmalerei, Kalligrafie und Bildhauerei.

Zur 700-Jahres-Feier wurde in der Jakobuskirche, Surb Hakob, im Ortsteil Vernaschen ein Museum eingerichtet. Es zeigt Kopien alter Manuskripte, Karten und Fotos verschiedener Klöster und Bildungseinrichtungen des Landes. Die Originalhandschriften werden im Zentralarchiv für alte armenische Handschriften Matenadaran in Jerewan aufbewahrt, das wir am Ende unserer Rundreise besichtigten.

Bei unserem Besuch von Jeghegnadsor legten wir unseren Interessensschwerpunkt weniger auf das ideell-geistige Erbe des Landes, sondern vielmehr auf unsere neuzeitlichen materiellen Bedürfnisse. Nachdem wir uns in einer Bank mit Bargeld-Nachschub versorgt hatten, suchten wir einen Winzer auf, um eine Weinprobe zu genießen. Diese stellte sich aber weniger als das heraus, was wir erwartet hatten, nämlich Verkostung verschiedener Weinsorten mit professionellen Erläuterungen. Stattdessen wurden wir an einem reich gedeckten Tisch platziert, an dem uns während des Essens nacheinander kommentarlos ein Glas Weißwein, Rosé und Rotwein gereicht wurden, zur Verdauung gefolgt von einem Aprikosenschnaps und einem Maulbeerschnaps, jeweils mit 55 Umdrehungen.

Danach konnten wir im Garten ein kleines Konzert eines Duduk-Spielers genießen, der sich von einem ca. zehn Jahren Mädchen mit Trommel begleiten ließ. Außerdem hatten wir Gelegenheit, Wein, Schnaps, Marmelade und kleine handwerkliche Erzeugnisse zu erwerben. Als Anregung für unsere christliche Läuterung durften wir miterleben, wie sich eine Gruppe streng Gläubiger, die sich unter Leitung einer Armenierin auf einer Rundreise befand, in großer Stille alkoholfrei verköstigen ließ, wobei die Ruhe nur durch die Predigten ihres mitreisenden Chefs, die liturgischen Gesänge und lauten Gebete der Gruppe unterbrochen wurde. Die Reiseleiterin saß längere Zeit an unserem Tisch und beklagte sich bei Samuel, dass der freudlose Haufen fünfmal täglich beten und Hosianna singen musste.

Auf der Rückfahrt von der Weinprobe legten wir einen Stopp im Dorf Jeghegis ein, wo wir einen jüdischen Friedhof mit Inschriften in hebräischer und aramäischer Sprache aus dem 13./14. Jh. besuchten, der erst 1996 ausgegraben bzw. freigelegt worden war, da alles mit dichtem Gestrüpp überwachsen war. Dabei sind auch Reste einer jüdischen Siedlung gefunden worden. Der Friedhof ist über einen kleinen Steg über den Fluss Jeghegis erreichbar. Einige Grabsteine waren in den vergangenen Jahrhunderten als Brückenfundament und Bodenbelag einer Mühle zweckentfremdet worden. Der geschichtsträchtige Ort Jeghegis mit heute 500 Einwohnern gehörte bis zum 15. Jh. zum Herrschaftsbereich der armenischen Orbelian-Fürsten und ihrer Verbündeten und beherbergt drei zwischen dem 13. und 17. Jh. errichtete Kirchen.

25. September 2019, Weiterfahrt in die Provinz Sjunik

Noch wichtiger bei der Verteidigung des armenisch geprägten Christentums als Gladzor waren früher viele Einrichtungen der Provinz Sjunik. Dort existierten etliche Akademien, Universitäten und Klöster und das in Bergketten rundherum eingepferchte Land konnte sich lange gegen Eindringlinge schützen. Im 10./11. Jh. war das ehemalige Königreich Sjunik ein Inbegriff armenischer Eigenständigkeit. Armeniens größte Provinz ist das Land der hohen Berge, Wälder und Seen, der alten Höhlensiedlungen und prähistorischen Steinkreise sowie des Kampfes um Bergkarabach. Aufgrund der einzigen Grenzübergänge nach Bergkarabach und in den Iran hat Sjunik große strategische und geopolitische Bedeutung.

Mit Sjunik ist im 20. Jh. ein dunkles Kapitel der Geschichte verbunden. Garegin Nschdeh (1886-1955) war während des Ersten Weltkrieges und des türkischen Völkermords an den Armeniern stellvertretender Kommandant der zweiten armenischen Freiwilligeneinheit, die zusammen mit zaristischen Truppenteilen im Osten Anatoliens gegen das Osmanische Reich kämpfte. Nach seiner Rückkehr nach Armenien forcierte er ab September 1919 die gewaltsame Armenisierung der Region Sangesur, dem heutigen Sjunik, indem er massenhaft die dort lebenden Aserbaidschaner vertrieb.

Nach der sowjetischen Besetzung Jerewans 1920 kämpfte er gegen die Rote Armee und ließ die von ihm geführten Freischärler grausame Hinrichtungsmethoden gegen die Rotarmisten praktizieren: sie wurden lebendig von einer mehrere hundert Meter hohen Klippe beim Kloster Tatev hinuntergeworfen, wo 1921 die kurzlebige Republik Bergarmenien ausgerufen wurde. Diese hielt sich drei Monate lang gegen die sowjetische Übermacht, erst im Juli 1921 wurde der Kampf nach der Zusicherung aufgegeben, dass Sangesur nicht dem Territorium Sowjet-Aserbaidschans, sondern Sowjet-Armeniens zugeschlagen wird.

Nach der Machtergreifung von Adolf Hitler in Deutschland begann Nschdeh zunehmend um Unterstützung für die Nationalsozialisten in der armenischen Diaspora zu werben. So initiierte er nach einem persönlichen Treffen mit Hitler im Sommer 1942 die Aufstellung armenischer Kampfverbände innerhalb der Wehrmacht, da er sich im Falle eines Sieges des Deutschen Reiches über Sowjetrussland die Unabhängigkeit Armeniens erhoffte. In propagandistischen Reden vor armenischen Kriegsgefangenen rief er diese zum bewaffneten Kampf gegen die Sowjetunion auf: „Wer für Deutschland stirbt, stirbt auch für Armenien."

Nach seiner Verhaftung in Bulgarien wurde er an ein sowjetisches Militärkommando überstellt und starb im Wladimir-Gefängnis bei Moskau. Im heutigen Armenien genießt er als Held der nationalen Befreiungsbewegung einen Kultstatus. Seine in den 1980er Jahren heimlich aus der Sowjetunion geholte Asche wurde in der Klosterkirche von Spitakavor bei Jeghegnadsor beigesetzt. Im Mai 2016 wurde in der Grünanlage östlich des Historischen Museums in Jerewan im Beisein des Präsidenten ein Denkmal zu seinen Ehren enthüllt, was zu Verstimmungen mit Russland führte.

***

Unser erstes Ziel in Sjunik, das wir nach Überquerung des 2.344 m hohen Vorotan-Passes erreichten, war die Johanneskirche in Sissian. Noch kurz vor Erreichen des Passes konnten wir den schneebedeckten Gipfel des 150 km entfernten Ararats erspähen. Am Pass beim Übergang von Vajots Dzor nach Sjunik wird man von zwei turmhohen, reliefgeschmückten Pylonen begrüßt. Dahinter eröffnet sich ein großartiger Fernblick auf die Landschaft und die hohen Bergketten Sjuniks.

Sissian mit seinen 16.000 Einwohnern liegt etwas südlich der M2, es ist ein wirtschaftliches Zentrum der Provinz und eine der ältesten Siedlungen im Vorotan-Tal. Viele Straßenzüge sind einerseits dörflich geprägt, haben andererseits auch Wohnblocks sowjetischer Bauart. Es gibt nicht viele Sehenswürdigkeiten: ein Denkmal zu Ehren des Dichters Hamo Sahjan, ein Historisches Museum mit archäologischen Funden aus der Umgebung und die Johanneskirche aus dem 7. Jh.

Die Kirche thront auf einer kleinen Anhöhe etwas außerhalb des Zentrums. An ihrem Äußeren und am Grundriss kann man die außergewöhnliche Leistung des Baumeisters erkennen, der einen Tetrakonchos mit vier dreieckigen Außennischen entworfen hat, der von einer Kuppel gekrönt wird. Im Inneren wechseln sich hohe und niedrige, tiefe und flachere Raumsegmente ab und lassen so einen bewegten, barock anmutenden Bau entstehen.

Bedrückend ist allerdings die Umgebung der Kirche. Auf dem Friedhof gibt es eine Gedenkstätte für viele junge Gefallene des Bergkarabach-Konflikts, auf deren Grabsteinen überall das gleiche Todesjahr 1994 eingemeißelt ist. Viele Grabsteine sind mit Abbildungen der teils kindlich wirkenden Soldatenopfer versehen.

***

Das Kloster Vorotnavankh liegt 13 km südöstlich von Sissian. Auf der Anreise durchquert man auf 1.700 m Höhe zunächst das 200-Seelendorf Aghitu, das einen ungewöhnlichen Grabbau vermutlich aus dem 6. oder 7. Jh. aufzuweisen hat. Er soll zu Ehren dreier Landesfürsten aufgestellt worden sein, die ihren Kampf gegen die Perser, die in Sjunik eindringen wollten, jedoch zurückgeschlagen wurden, mit dem Leben bezahlen mussten. Das Grabmal wurde 1931 bei einem schweren Erdbeben zerstört, aber bald wiederaufgebaut. Der imposante Gedenkstein, eine zweigeschossige Bogenstellung auf einem Basaltsockel mit Rundbogenportalen, war sogar auf dem alten 10.000-Dram-Schein abgebildet.

Wenn man sich Vorotnavankh durch die kahle, baumlose, aber reizvolle Gebirgslandschaft mit Basaltgestein und schroffen Abbruchkanten nähert, sieht man es schon von Ferne auf einem steil abfallenden Plateau oberhalb des Vorotan-Flusses zwischen hohen Bergen thronen. Durch die Farbe seiner Bausteine fügt es sich harmonisch in die Umgebung ein. Am Hang im Süden gedeihen unterhalb der Festungsmauer Apfelbäume.

Der Legende nach soll Gregor der Erleuchter die erste Kirche an der Stelle eines antiken Tempels erbaut haben. Gesichert ist, dass die Hauptkirche Surb Stephanos, die Stephanoskirche, im Jahr 1000 fertiggestellt wurde. Von der ausgedehnten Anlage blieben ferner die größere Johannes-der-Täufer-Kirche (Surb Karapet) von 1006, eine Kapelle, die Ruinen mehrerer Nebengebäude und ein Teil der Festungsmauer erhalten. Die Hauptgebäude des Klosters sind ineinander verschachtelt in einer Reihe vom Zugang im Osten nach Westen angeordnet.

Zum Südhang und zum westlichen Steilabfall über der Schlucht wird das Gelände durch eine Festungsmauer begrenzt, die in regelmäßigen Abständen durch halbrunde Vorsprünge verstärkt ist. Im westlichen Bereich, durch einen alten Friedhof getrennt von den Sakralgebäuden, sind die Ruinen einiger Nebengebäude erhalten. Ein geheimer Tunnel bis zur Festung Vorotnaberd war für den Belagerungsfall gedacht. Vorotnaberd liegt zwei Kilometer südöstlich im Vorotan-Tal an einer Flussbiegung. Ihre Ursprünge reichen möglicherweise weit in vorchristliche Zeit zurück, einigermaßen gesichert ist die Existenz der Festung im 5. Jh. Große Bedeutung erlangte sie ab dem 13. Jh., als verschiedene Völker um die Herrschaft in Sjunik kämpften und Vorotnaberd zum Hauptort nahmen. Bis sie Ende des 18. Jh. von persischen Truppen zerstört wurde, danach bedeutungslos wurde und verfiel. Heute sind nur noch wenige Ruinenreste vorhanden.

***

Durch Aghitu und Sissian kehrten wir zurück zur M2. Einen Kilometer vor der Einmündung liegt linkerhand die prähistorische Steinsetzung Zorakhar, das „Armenische Stonehenge", wie es auch genannt wird. Zorakhar bzw. Zorakarer bedeutet „Steinarmee", eine andere Bezeichnung ist Karahundsch bzw. Karahunj für „Steinsammlung". Über die sieben Hektar große archäologische Stätte auf einer Hochfläche, die von hohen Bergketten gesäumt wird, pfeift der Wind, da keine Bäume und Sträucher für Schutz sorgen. 223 spitz zulaufende Menhire aus Basalt oder Andesitgestein, die vermutlich aus einem nahen Steinbruch stammen, ragen zwei bis drei Meter in die Höhe, viele von ihnen mit einem kreisrunden Loch in der Spitze. Die Löcher dienten wahrscheinlich nicht, wie gerne spekuliert wird, für Zwecke der astronomischen Beobachtung, sondern zum Transportieren und Aufrichten der Basaltsteine.

In der Mitte des Feldes befindet sich eine Anordnung von exakt in einem Kreis aufgestellten Steinen mit einem Durchmesser von 30 Metern mit einer tischähnlichen Begräbnisstätte in der Mitte. Der Steinkreis stammt aus dem 2. Jahrtausend v. Chr. Die gesamte Anlage besitzt 30 große Kammergräber, von denen viele in den vergangenen Jahrhunderten geplündert wurden. In den wenigen erhaltenen Gräbern hat man Grabbeigaben gefunden, mit deren Hilfe die ältesten Gräber aufs 20. Jh. v.Chr. datiert werden konnten.

Abb. 9: Kloster Vorotnavankh

Abb. 10: Die prähistorische Stätte Zorakhar

Die Gelehrten sind sich uneins, ob es sich bei Zorakhar um ein bronzezeitliches Gräberfeld, eine antike Siedlung, eine alte Kultstätte oder gar ein urzeitliches Himmelsobservatorium handelt. Zu letzterem wird spekuliert, dass es vielleicht schon 7.500 Jahre alt ist, weswegen diese Sichtweise zur Förderung des Tourismus von den offiziellen armenischen Stellen präferiert wird. Wahrscheinlicher scheint heute zu sein, dass es sich bei den vertikalen Felsblöcken um ehemalige Mauerverstärkungen handelt, denn viele Reste von fast gleichgroßen Steinhäuschen unterstützen die Theorie der antiken Siedlung, die nur einige Jahrhunderte um die Zeitenwende bestanden hat. Jedenfalls bezeugt die Anlage eine technisch bravourös gemeisterte Bauleistung und nimmt unter den (prä-)historischen Stätten Armeniens eine herausragende Stellung ein.

***

Von Zorakhar aus fuhren wir auf der M2 nach Osten, bis wir nach ca. 40 km Goris erreichten. Hier verbrachten wir zwei Tage in einem etwas außerhalbgelegenen Hotel und unternahmen am Folgetag Ausflüge in die nähere Umgebung. Goris liegt 1370 m über dem Meeresspiegel, hat 23.000 Einwohner und ist 25 km vom Grenzübergang zu Bergkarabach entfernt. Die Stadt, in einem Talkessel des Flusses Vararak, ist von hohen Sandsteinbergen umgeben. Charakteristisch für die neuen Stadtteile sind ein schachbrettartiger Straßenverlauf, der von einem deutschen Architekten geplant wurde, als die Stadt zu Beginn des 19. Jh. unter russischer Herrschaft stand. Die Ursprünge von Goris gehen auf eine steinzeitliche Siedlung zurück.

26. September 2019, Tatev-Kloster und Höhlenstadt

Der erste Ausflug des Tages führte uns zum Kloster Tatev (oder Tatew, Tathev), das im Jahr 895 am Ort eines alten Heiligtums gegründet wurde. Es ist eines der bedeutendsten Architekturdenkmäler des Landes. Seit 2010 ist es durch eine Seilbahn („Wings of Tatev") über die Vorotan-Schlucht oberhalb des Ortes Halidsor verbunden und daher ganzjährig erreichbar. Die Seilbahn ist mit 5.750 m die längste, in einer Sektion mit einem durchgehenden Tragseil ausgeführte Pendelbahn der Welt. Alle 15 Minuten pendelt eine Kabine, die knapp 25 Leute fasst, zwischen der Seilbahnstation und dem Kloster hin und her.

Samuel hatte die Karten für die Seilbahn vorbestellt, damit wir als Gruppe zusammen „anreisen" konnten. Das Kloster liegt auf einem großen, steilen Felsvorsprung, der nur im Norden in eine fruchtbare Hochebene übergeht. Tief unterhalb der Steilhänge im Osten und Süden, die Schutz vor heranpreschenden feindlichen Horden boten, rauscht ein Fluss vorbei.

Schon bald nach seiner Gründung bekam Tatev als intellektuelles und spirituelles Zentrum Armeniens eine große Bedeutung. Das Kloster, eine Zeitlang Sitz des Erzbischofs von Sjunik, blieb ein Jahrtausend lang eines der belebtesten und aktivsten Armeniens, in dem bis zu 500 Mönche lebten und arbeiteten. Tatev war zeitweise das politische Zentrum des Fürstentums Sjunik. Im 10. Jh. hatte das gleichnamige Dorf eine Bevölkerung von 1.000 Menschen und kontrollierte zahlreiche Dörfer der Umgebung (im 13. Jh. sogar 680 Dörfer), die jedoch hart für ihre Befreiung kämpften.

In der von 1340 bis 1434 (andere Quellen sagen: 1390-1453) existierenden Universität lernten und lehrten viele wichtige Gelehrte. Unterrichtet wurde Theologie, Philosophie, Mathematik, Musik, Grammatik, Literatur, Geschichte, Kalligrafie und Miniaturmalerei. In der Bibliothek des Klosters lagerten wertvolle Manuskripte, Dokumente und Verträge, so dass die Studenten von weit her an die Universität kamen. Ein berühmter Schüler war der hochbegabte Grigor Tatevezi (ca. 1346-1410), der 1371 in Jerusalem zum Priester geweiht wurde und nach seiner Rückkehr das Kloster auf den Höhepunkt seines Ruhmes führte. Er war ein herausragender Theologe und Philosoph und wurde u.a. für zwei gestochen scharfe Miniaturen in leuchtenden Farben berühmt, die heute im Matenadaran in Jerewan ausgestellt sind. Auch soll er Wunderheilungen und Dämonenaustreibungen vorgenommen haben.

Aufgrund ihrer geschützten Lage über der halsbrecherisch tiefen Schlucht mit dicken Wehrmauern um die Klosteranlage wurde sie zu einem mächtigen Verteidigungskomplex ausgebaut, der lediglich 1170 von Seldschuken angegriffen und teils zerstört wurde (32 Jahre zuvor hatte schon ein schweres Erdbeben für Verwüstung gesorgt). Dank der Fürstenfamilie Orbelian wurde sie im 13. Jh. wiederaufgebaut und bestand bis 1931, als sie erneut von einem schweren Erdbeben fast völlig zerstört wurde.

In den letzten 40 Jahren konnten die meisten bedeutenden Gebäude restauriert und die Wirtschaftsgebäude wieder bewohnbar gemacht werden. So können heute die von 895-906 errichtete Surb Pogos-Petros (Peter-und-Paul-Kirche), die 1295 auf Grundmauern des 9. Jh. neu errichtete Surb Grigor (Kirche des hl. Gregor) und die Surb Astvatsatsin (Muttergotteskirche) aus dem Jahr 1087 sowie ein großer Wirtschaftstrakt mit Küche und Refektorium besichtigt werden. Der dreigeschossige Glockenturm vor der Peter-und-Paul-Kirche stammt aus dem 19. Jh.

Das bemerkenswerteste Bauwerk der Klosteranlage ist, wie ich finde, der Gavazan („Hirtenstab"), die acht Meter hohe Dreifaltigkeitssäule. Sie wurde im Jahr 904 im Süden des Klosterhofs aufgestellt und wird von einem Kreuzstein gekrönt. Die achteckige Säule aus sorgfältig behauenen Quadern ruht auf einem Sockel und soll genauso weit in die Tiefe reichen. Durch Erschütterungen der Erde z.B. durch Erdbeben oder anrückende Truppen, sogar durch bloße Berührung einer Hand, gerät die Säule ins Wanken. Das Denkmal ist eine einzigartige Arbeit armenischer Architektur und armenischen Kunsthandwerks. Angeblich ist das Geheimnis ihrer Konstruktion noch nicht vollständig ergründet.

***

Nach der Klosterbesichtigung kehrten wir zurück nach Goris und bogen im Zentrum auf die M12 in Richtung Bergkarabach ab, wo wir nach zehn Kilometern die ausgedehnte Höhlenstadt von Chndsoresk erreichten. Der gesamte südliche Kaukasus ist für seine zahlreichen Höhlenstädte bekannt. So gibt es in Georgien die Stadt Wardsia im Süden, in der einst 50.000 Menschen lebten und die durch ein schweres Erdbeben im Jahr 1283 fast vollständig zerstört wurde. In der Nähe von Stalins Geburtsstadt Gori liegt die Höhlenstadt Uplisziche, ein einstiges Handelszentrum an der Seidenstraße, das im 13. Jh. von Mongolen zerstört wurde. An der Grenze zu Aserbaidschan erhebt sich auf einer Hügelkuppe das heute wieder genutzte georgisch-orthodoxe Höhlenkloster Dawit Garedscha. Alle drei stehen auf der Vorschlagsliste für das UNESCO-Weltkulturerbe.

Auch in Armenien stößt man vielerorts auf in den Felsen geschlagene Behausungen und sakrale Räume. Das prominenteste Beispiel, das Höhlen- bzw. Felsenkloster Geghard unweit von Jerewan besuchten wir am Ende unserer Rundreise. Die größte Höhlensiedlung Armeniens findet sich östlich von Goris im alten Ortsteil von Chndsoresk (= tiefe Schlucht). Ein malerisches Tal unterhalb des Dorfes ist wegen seiner bizarren Felsformationen und zahlreichen Höhlen ein touristisches Ausflugsziel. Neben Gebäuderuinen aus dem 19. Jh. blieben im Tal die Hripsimekirche aus dem 17. Jh, eine weitere Kirche und die Ruinen einer mönchischen Einsiedelei erhalten.

Das Tal war Ausgrabungen zufolge in der Bronzezeit und Eisenzeit besiedelt. Ab dem 5. Jh. begannen die frühen Christen in verstärktem Maße, Höhlen als Wohnstätten anzulegen. Viele der in die Sandsteinfelsen geschlagenen 1.800 Wohnhöhlen lagen übereinander und waren durch Gänge miteinander verbunden, durch welche die Bewohner vor Plünderern flüchten und sich in andere geheime Höhlen zurückziehen konnten. Zu Anfang des 20. Jh. lebten rund 3.000 Familien in den Höhlenwohnungen. Während des Bergkarabach-Konflikts in den 1990er Jahren flüchteten die Bewohner des neuen Dorfes in die Höhlen, um sich vor Artilleriebeschuss zu schützen. Heute werden einige Höhlen noch als Lager für Heu und Erzeugnisse der Dorfbewohner verwendet, da sie über ein optimales Klima verfügen; die große Mehrheit aber steht leer.

In der Mitte des Tals, hinter der Hripsimekirche, überquert seit Juni 2012 eine 160 Meter lange Fußgänger-Hängebrücke den tief in einer Schlucht eingeschnittenen Bach. Die von einem Geschäftsmann finanzierte Brücke war als Besuchermagnet geplant, um das Tal als Ausflugsziel zu etablieren. Hier führt ein Pfad durch den Wald am Westhang der Schlucht hinunter zu den Ruinen der Einsiedelei

Abb. 11: In der Peter-und-Paul-Kirche im Kloster Tatev

Abb. 12: In der Höhlenstadt Chndsoresk

und einem Friedhof. Die meisten Grabsteine tragen auf der einen Längsseite lange Inschriften und auf der anderen Seite Reliefs mit Alltagsszenen, manchmal ist eine Seite mit islamisch anmutenden geometrischen Ornamenten bedeckt. Teilweise erhalten blieben die Außenmauern einer einschiffigen Kirche ohne Dach.

Wir erkundeten die Höhlenstadt, indem wir uns vom nordöstlich gelegenen Neu-Chndsoresk aus auf einem teils sehr abschüssigen und gerölligen Wanderpfad an schroffen Felswänden und bizarren Felssäulen vorbei hinunter in die Schlucht begaben. Zuerst passierten wir eine kleine, unscheinbare Saalkirche, deren Dach mit Gras bewachsen ist und die neben einer hoch aufragenden Felsnadel steht.

Beim weiteren Abstieg trafen wir auf viele Höhlen, in die man hineinsehen kann. Es ist gut zu erkennen, dass die Menschen Terrassen in den Boden schlagen mussten, um ebene Flächen herzustellen und Gemüse und Getreide anbauen zu können. Die Dächer der Häuser bilden jeweils einen festen Untergrund und die begrünten Gärten der darüberliegenden Häuser. Auch in die riesigen Sandsteinsäulen, die man in der Schlucht überall sieht, sind Höhlen hineingehauen, die entweder als Wohnraum, Arbeitsstätte, Lagerraum und Viehstall genutzt wurden.

Dann führte uns der Weg hinunter ins Tal an der Hripsimekirche vorbei. Die dreischiffige Basilika wurde 1665 möglicherweise über älteren Vorläufern errichtet. Die datierte Bauinschrift befindet sich im halbkreisförmigen Tympanon über dem heute zugemauerten Westeingang. Erst hier, wenn man tiefer ins Tal in Richtung des kleinen Baches hinabsteigt, wird der Weg flacher und es grünt rundherum. Bald ist die Hängebrücke erreicht. Auf der westlichen Seite, wo der Pfad zur Einsiedelei abzweigt, kann man sich an einem Kiosk stärken, bevor man mehrere hundert Treppenstufen zum oben gelegenen Parkplatz mit großer Einkehrmöglichkeit hinaufsteigt.

***

Auf dem Rückweg nach Goris hielten wir kurz am östlichen Ortsausgang an einem „Pyramiden-Ensemble" aus Tuffstein an, das aus der Ferne wie eine Kamelkarawane anmutet. Von hier hat man einen guten Überblick über die Berglandschaft, die Goris umgibt. Auch am gegenüberliegenden Ortsausgang nach Westen steht auf einem kleinen Aussichtspunkt, von dem man die Stadt recht gut über-schauen kann, ein Denkmal, das entfernt einer kleinen Burg ähnelt. Zwischen seinen beiden höchsten Türmen ist eine Glocke aufge-hängt, was ihm den Namen Glocken-Denkmal von Goris gegeben hat.

Östlich der Sankt-Hripsime-Kirche in Goris Altstadt, ihrer ältesten Kirche, liegt eine weitere Höhlensiedlung, in der ebenfalls Menschen bis Mitte des 20. Jh. wohnten, bevor sie die Höhlen zugunsten von modernen Wohnungen mit Strom, fließendem Wasser und Heizung verließen. Als bizarre Pyramiden ragen die Felsen mit den Wohn-höhlen aus sandigem Gestein am Abhang auf. Im Abendlicht wirken sie besonders schön.

27. September 2019, Fahrt in den Norden

Für diesen Tag war die längste Fahrtstrecke der Reise angesetzt, nämlich 200 km von ziemlich weit im Süden nach ziemlich weit im Norden. Die erste Hälfte der Reise folgte von Goris der uns bereits bekannten Strecke über den Vorotan-Pass mit den turmhohen Pylonen am Übergang von Sjunik nach Vajots Dzor bis Jeghegnadsor, wo wir nach Norden auf die M10 einbogen. Diese brachte uns nach 25 km zum ersten Zwischenziel, der Karawanserei Selim, knapp unterhalb des Selim-Passes auf 2.410 m Höhe am Übergang von Vajots Dzor zur Provinz Gegharkunik, deren Fläche zu fast einem Drittel vom Sewansee bedeckt wird.

Die 1332 gebaute Karawanserei, die jetzt offiziell nach ihrem Bauherrn als Orbelian-Karawanserei bezeichnet wird, ist nicht nur die bekannteste Armeniens, sondern auch die am besten erhaltene. Sie ist von 1956 bis 1959 restauriert worden. Wenn man sich über die heute gut ausgebaute, aber kurvenreiche Straße dem Selim-Pass nähert, kann man sich trotzdem gut vorstellen, dass sie früher eine wichtige Erholungsmöglichkeit für die Reisenden auf ihrem anstrengenden und entbehrungsreichen Weg über die Seidenstraße darstellte. Hier konnte Mensch und Tier rasten, da die große, fensterlose Halle mit ihren vielen Stallungen genug Platz bot.

Die aus Basaltsteinen errichtete dreischiffige Haupthalle ist 26 m lang und 13 m breit und erstreckt sich in west-östlicher Richtung. Das geräumige Mittelschiff war den Kamelen vorbehalten, in den Seitenschiffen nächtigten die Reisenden und lagerten ihre Waren. Wichtige Güter, die nach Norden gebracht wurden, waren Chili, Pfeffer und Safran, in umgekehrter Richtung wurden vor allem Teppiche und der Farbstoff Karmin transportiert, der aus der Armenischen Cochenilleschildlaus gewonnen wurde.

In die große Halle der Karawanserei gelangt man durch eine Vorhalle mit einem nach Süden ausgerichteten Portal, der einzigen Öffnung, was die Verteidigung erleichterte. In der Vorhalle kann man armenische und persische Inschriften sehen, die von der Gründung der Karawanserei durch den Fürsten Orbelian erzählen. Vor der Karawanserei hatte ein Händler einen Stand aufgebaut, an dem er alle möglichen kulinarischen Köstlichkeiten anbot und zur Anheizung der Kauflust der Besucher großzügig Schnaps ausschenkte.

Abb. 13: Eingang zur Vorhalle der Selim-Karawanserei

Abb. 14: Kreuzsteine auf dem Friedhof von Noratus

***

Gegharkunik ist laut dem Armenischen Reisebüro mit ca. 4.050 km² Armeniens zweitgrößte Provinz – in der Literatur und im Internet finden sich davon deutlich abweichende Angaben. Die Region mit dem Sewansee im Zentrum wird rundherum von Gebirgsketten eingeschlossen, die bis in Höhen von über 3.500 m reichen. Sie war schon in der Frühzeit Siedlungsgebiet und ist daher reich an einzigartigen Stätten und Kulturdenkmälern wie zyklopische Mauern, Kreuzsteine, Klöster und Einsiedeleien. Die meisten Sehenswürdigkeiten gibt es in der Nähe des westlichen Seeufers.

Der Sewansee ruht auf eine Höhe von 1.900 m knapp über der mittleren Höhe des Gebirgslandes Armenien, dessen Landesfläche zu 90% über 1.000 m hoch liegt. Mit einer Fläche von 1.272 km² ist er mehr als doppelt so groß wie der Bodensee und weltweit der zweitgrößte Gebirgs- bzw. Frischwassersee. In ihn münden fast 30 Flüsse aus den umliegenden Gebirgen. Allerdings ist eine genaue Angabe zu seiner Größe schwierig, da er ab 1936 für groß angelegte Bewässerungs- und Energiegewinnungsprogramme stark ausgebeutet wurde, wodurch sein Wasserspiegel bis 1988 um 22 m sank und sich sein Volumen von 58,5 auf 33 km³ verringerte.

Als schließlich in den 1980er Jahren der sehr fisch- und krebsreiche See drohte, aus dem ökologischen Gleichgewicht zu geraten, begann man, Bewässerungstunnel von den südlich gelegenen Stauseen Ketschut und Spandarjan anzulegen. Diese Maßnahme war erfolgreich, denn der Wasserspiegel ist seitdem wieder um einige Meter gestiegen. Der alte Stand soll jedoch nicht mehr erreicht werden, um die zwischenzeitlich errichteten touristischen Anlagen am Seeufer und die begonnenen Ausgrabungen nicht zu gefährden.

1978 wurde der Sewan-Nationalpark eingerichtet, um die Frischwasserreserven, den Fischbestand, seine Ansammlung von Vögeln und die historischen Denkmäler zu schützen. Ebenso sollten der Tourismus und die Freizeitaktivitäten reguliert werden. Das Gebiet wurde zur Ramsar-Zone erklärt und als Feuchtgebiet von internationaler Bedeutung anerkannt. Die Ramsar-Konvention, von der UNESCO angestoßen und 1971 als eine der ältesten internationalen Vertragswerke zum Naturschutz geschlossen, bezeichnet das Übereinkommen über Feuchtgebiete, insbesondere als Lebensraum für Wasser- und Watvögel (Limikolen).

Heute sind der Sewansee und die dazugehörigen Feuchtgebiete ein wichtiger Stopp- und Ruheplatz für Strand- und Wasserzugvögel auf ihren langen Frühlings- und Herbstwanderungen. Im Winter wählen Scharen von Schwänen, Kormoranen und Reihern und eine große Anzahl an Limikolen den Sewansee als ihr Winterquartier. Seit Beginn des 20. Jh. wurden in diesem Gebiet über 260 Vogelarten beobachtet.

Ein besonderes Schutzgebiet im Nationalpark, das Norashen-Reservat am Nordwestufer, umfasst die sogenannte Möweninsel. Dort brüten die wahrscheinlich weltgrößte Kolonie der Armeniermöwe und weitere Vögel wie die Rostgans, Stockente, Schnatterente, Wiedehopf, Steinschmätzer, Braunsichler, Flussuferläufer, Sandregenpfeifer. Verschiedene Reiherarten nutzen die Insel (wieder) als Brutplatz. Im Nationalpark leben auch Wölfe, Schakale, Füchse, Marder, Schlangen und Eidechsen.

***

Den See erreichten wir bei der 12.000-Einwohnerstadt Martuni, die seit der Unabhängigkeit ziemlich verfallen ist. Außer einem Gästehaus, der Muttergotteskirche Astvatsatsin und einer Zyklopenmauer hat sie nicht viel vorzuweisen, wenn man vom Sewansee absieht. Wir folgten der M10 weiter, die am westlichen Seeufer entlangführt, und erreichten in der Nähe der Provinzhauptstadt Gavar den Friedhof des Dorfes Noratus.

Das mittelalterliche Gräberfeld besitzt über 900 Kreuzsteine und ist damit weltweit das größte dieser Art, nachdem der Friedhof von Culfa in Nachitschewan bis ungefähr 2005 weitestgehend zerstört worden war (im 17. Jahr besaß er über 10.000 Kreuzsteine, 1987 waren es noch 5.000 gewesen). Funde aus der Bronze- und Eisenzeit lassen vermuten, dass der Friedhof schon seit vorchristlichen Zeiten genutzt wird. Die ältesten Grabsteine stammen aus dem 1. und 2. Jh.

Auf manchen Grabsteinen sind Symbole der sich bewegenden Sonne oder der jüdische Davidstern zu sehen, auf anderen erinnern ausführliche Inschriften an Lebensweg, Hobbys und Beruf der Verstorbenen. Es gibt bildliche Darstellungen zur Illustration des Lebens (Bauern werden mit Pflügen gezeigt, Musiker mit Musikinstrumenten sowie Herren oder Adlige bei der Jagd) und auf anderen Steinen werden Hochzeiten dargestellt.

***

Am Nordwestufer des Sewansees liegt die Stadt Sewan mit 19.000 Einwohnern. Sie ist berühmt für ihr Kloster Sewanavankh, das seit 874 besteht. Die Stadt ist über die gut ausgebaute M4 vom 60 km entfernten Jerewan aus schnell zu erreichen und daher mit ihrem Kloster und den Bademöglichkeiten ein gern besuchter Freizeit-, Urlaubs- und Badeort. Sie war 1842 von russischen Einwanderern gegründet worden und hieß bis 1935 Jelenowka nach der russischen Großfürstin Helena Pawlowna Romanowa, geb. Prinzessin von Württemberg.

Sewanavankh liegt auf einer langgezogenen Halbinsel, die seit Fallen des Seepegels auf der Ostseite steil abfällt und davor als Insel vom Festland abgetrennt war. Die äußerste Spitze der Landzunge ist nicht öffentlich zugänglich, da dort die Sommerresidenz des armenischen Präsidenten liegt. Am Südrand, wo das Ufer sanft in den See abfällt, kann man zu kleinen Bootsrundfahrten ablegen, den für touristisch frequentierte Heiligtümer üblichen Nippes kaufen oder den Badestrand besuchen. Zum Kloster gelangt man über eine lange Treppe, die am Ende der „Einkaufsmeile" hinter einem großen Restaurant beginnt.

Kern des Klosters waren drei kleine, im Jahre 874 erbaute Kirchen, von denen nur noch die Apostel- bzw. Johanneskirche (Surb Arakelots) und die Muttergotteskirche (Surb Astvatsatsin) existieren. Um diese waren die anderen Klosterbauten (Bibliothek, Schule, Wohngebäude usw.) gruppiert, von denen nichts mehr geblieben ist. Sewanavankh war, im Gegensatz zu fast allen anderen armenischen Klöstern, von keiner Wehrmauer umgeben, da die Insellage dies nicht erforderlich machte.

Das Leben im Kloster war sehr entbehrungsreich, denn es war für Mönche und Adlige bestimmt, die sich Fehltritte geleistet hatten und verbannt worden waren. Kaukasusreisende im 19. Jh. berichteten, dass es weder Fleisch noch Wein noch Frauen gab und dass Manuskripte immer noch von Hand abgeschrieben wurden. Aber die Mönche des Klosters waren bekannt für ihre Heilkunde, die auf den um den See wachsenden Pflanzen basierte, und einige ihrer Nuturrezepte sind noch heute in Gebrauch.

***

Nach der Besichtigung von Sewanavankh am späten Nachmittag fuhren wir nach Dilidschan (oder Dilijan), wo wir die Nacht in einem privaten Gästehaus verbrachten. Die Kleinstadt mit 17.000 Einwohnern liegt auf 1.500 m Höhe 25 km nördlich des Sewansees in der Provinz Tawusch. Im Mittelalter war sie der Urlaubsort der armenischen Könige, zu Sowjetzeiten das „Davos des Kaukasus" und heute ist sie einer der wichtigsten Erholungs- und Tourismusorte in Armenien. Die Stadt am Aghstev soll heute die am schnellsten wachsende Stadt Armeniens sein, da sie sich zu einem bedeutenden Finanz- und Bildungszentrum entwickelt und an einer der Hauptverkehrsverbindungen ins benachbarte Georgien liegt.

Zu den Hauptsehenswürdigkeiten in der näheren Umgebung von Dilidschan zählen die Klöster Haghartsin und Goschavankh, die wir am folgenden Tag besuchten. Weitere, mehr oder wenige verfallene Klöster in der näheren Umgebung sind Matosavankh und Juchtak.

Die Provinz Tawusch ist einer der von der Wirtschaftskrise und dem Bergkarabach-Konflikt am stärksten betroffenen Landesteile. In Grenznähe liegen viele zerbombte Häuser, verlassene Dörfer und marode Straßen, die bei Regen unpassierbar werden. Daher sind die Sehenswürdigkeiten, von denen es in der dünnbesiedelten Region eigentlich viele gibt, meistens in einem eher schlechten Zustand und kaum erreichbar. Aber dafür ist der Landstrich, im Volksmund „Armenische Schweiz" genannt, außerordentlich grün und wasserreich, es gibt viele wilde Tiere und unzählige Blumen. Er unterscheidet sich damit ganz wesentlich von den zuvor gesehenen Landstrichen in den Provinzen Ararat, Vajots Dzor, Sjunik und Gegharkunik, die eher karg und steinig sind.

Dilidschan liegt mitten in einem Nationalpark in einer landschaftlich äußerst reizvollen Gegend. Er bietet Lebensraum für 1.000 verschiedene Pflanzen, darunter viele vom Aussterben bedrohte, über 100 Vogelarten (u.a. diverse Adler- und Geierarten sowie weitere Greifvögel) und 45 verschiedene Säugetierarten, darunter Braunbär, Wolf, Fuchs, Dachs, Steinmarder, Hermelin, Rotluchs und sogar eine kleine Anzahl des Kaukasischen bzw. Persischen Leoparden. Der

Persische Leopard hat ein sehr helles Fell mit großen Flecken, ist einer der größten Leopardenarten und stark gefährdet – man schätzt den Bestand auf weniger als 900 – 1300 Tiere.

Umso schlimmer ist es, dass in diesem Nationalpark „Holzwilderer" ihr Unwesen treiben. Mit behördlicher Genehmigung ist es erlaubt, Altholz zu sammeln, was von der bettelarmen Bevölkerung, besonders im Dorf Haghartsin, genutzt wird, da sich viele Bewohner keine anderen Energiequellen leisten können. Nach dem Niedergang der armenischen Wirtschaft in Folge des Zusammenbruchs der Sowjetunion und der Unabhängigkeit Armeniens war die Arbeitslosigkeit extrem hoch, auch wenn sie von ca. 40% im Jahr 2000 inzwischen auf unter die Hälfte gesunken ist.

Aber vor allem die großen, geradegewachsenen Bäume sind sehr wertvoll für die Möbelindustrie, so dass sich immer wieder Wilderer einfinden, die unerlaubt Bäume fällen und sie entweder gleich abzutransportieren versuchen oder zunächst längere Zeit liegen lassen, damit sie behaupten können, es sei „natürlich" entstandenes Altholz. Es gibt zwar inzwischen einige Umweltschützer, die Beweise für den Diebstahl zu sammeln versuchen, sie werden jedoch i.d.R. von der Polizei und der Naturschutzbehörde abgewiesen. Der Fernsehsender ARTE hat hierüber in einem halbstündigen Beitrag im Januar 2020 berichtet.

Es hat den Anschein, dass trotz der Anstrengungen, die Nikol Pashinijan, der am 8. Mai 2018 zum Ende der Samtenen Revolution zum Premierminister gewählt worden war, unternimmt, um Korruption und Vetternwirtschaft in Armenien zu bekämpfen, seine Erfolge bisher gering sind. Armenien hat seit den 1990er Jahren ein Viertel seines Waldes verloren und ist gerade noch mit ca. 10% Wald bedeckt. Eine weitere Abholzung würde das Land der Steine noch mehr erodieren. Es gibt neben dem bisschen Wald nur wenige fruchtbare Regionen wie das Ararat-Tal und die Obst- und Gemüseregion südlich des Berges Aragaz.

28. September 2019, großer Klostertag

An diesem Tag kam zum ersten und einzigen Mal während unserer Rundreise gegen Mittag leichter Nieselregen auf, der allerdings nicht lange andauerte. An den anderen Tagen hatten wir meistens wolkenlosen Himmel bei, trotz der Höhe, sehr angenehmen Temperaturen. Daher war der frische, feuchte Spätmorgen eine willkommene Abwechslung, wenn man einmal von den Beeinträchtigungen beim Fotografieren absieht.

Das erste Ziel war das Kloster Goschavankh 20 km östlich von Dilidschan. Es sitzt auf einer Hügelkuppe inmitten der Häuser des Dorfes Gosch am Ende eines Tales und ist von den Wäldern des Nationalparks umgeben. Es war im 12. Jh. von dem armenischen Gelehrten Mechithar Gosch (1130-1213) unter dem Namen Nor Getik gegründet worden. Gosch schrieb Fabeln der Volksliteratur und verfasste das erste Gesetzbuch in armenischer Sprache. Nach seinem Tod erhielt das Kloster seinen heutigen Namen. Ein Denkmal zu seinen Ehren steht links vor dem Portal an der Westfront des Gawits.

Ein Gawit (oder: Gavit) bezeichnet eine i.d.R. quadratische Vorhalle in der mittelalterlichen armenischen Architektur, die im Westen an Klosterkirchen angebaut ist. Er ist oft größer als die eigentliche Kirche, da er für allgemeine Versammlungen der Gemeinde, für Unterrichtszwecke, für Gerichtsverhandlungen und als Grabstätte diente.

Dank des Wirkens des Universalgelehrten Gosch entwickelte sich das Kloster schnell zu einem spirituellen Zentrum Armeniens. Innerhalb von 30 Jahren sind zwei große Kirchen (die Muttergotteskirche, die sich an den Gawit anschließt, und die Kirche des hl. Gregor), eine Reihe von Kapellen, ein Refektorium, der Gawit und eine Bibliothek gebaut worden. Ein Erdbeben gegen Mitte des 13. Jh. erforderte größere Renovierungsmaßnahmen, ab 1937 wurde der gesamte Komplex erneuert.

Im Kloster wurde gemäß dem Codex von Gosch Recht gesprochen, was man an vier Wandöffnungen in der Bibliothek erkennen kann. Diese symbolisieren unterschiedliche Kulturen bzw. Religionen (Christen, Juden, Araber, Perser) und ermahnen an eine gerechte, neutrale Rechtsprechung als notwendige Voraussetzung für das friedliche Zusammenleben verschiedener Völker. Weitere Aufgaben des Klosters waren die Unterrichtung armenischer, lateinischer und griechischer Sprachen sowie die Erstellung und Kopie von Handschriften.

Die Bibliothek ist das wahre Herz des Klosters. Sie besitzt zwei Etagen, die von einer Kuppel gekrönt sind. Man betritt sie durch einen kleinen Bogengang zwischen ihr und dem Gawit, der den sanften Übergang vom geistlichen (im Süden der Anlage) zum weltlichen (im Norden) Leben symbolisieren soll.

Vor der kleinen Kapelle des hl. Gregor Lusaworitsch, die sich südlich an den Gawit anlehnt, steht ein Kreuzstein einzigartiger Schönheit. Er wurde 1291 vom Kreuzsteinmeister Poghos gefertigt und sieht aus wie geklöppelt. Er wird von den Armeniern liebevoll „bestickter Stein" genannt. Um das zentrale Kreuz legt sich ein filigranes Ornament aus geometrischen und floralen Motiven, das den Eindruck einer in mehreren Lagen übereinander geschichteten Klöppelarbeit erweckt. Darunter befindet sich ein plastisch gewölbtes Rosettenschild, auf dem kein Millimeter unbearbeitet ist. Die Sterne am Rand des Steins sind jeweils ein Kunstwerk für sich, sie wirken wie aus feinstem Garn gestickte Deckchen.

An die besondere Bedeutung von Mechithar Gosch erinnert die Medaille, die vom armenischen Präsidenten an Personen verliehen wird, die herausragende staats- und gesellschaftspolitische Verdienste in den Bereichen Diplomatie, Recht und Politikwissenschaft erworben haben. So wurde im März 2018 der deutsche Grünenpolitiker Cem Özdemir ausgezeichnet, da er sich für die Anerkennung des Genozids und die Rolle des Kaiserreiches im Deutschen Bundestag eingesetzt hat.

***

Näher an Dilidschan liegt nördlich der M4 das Kloster Haghartsin in einem gemäßigten Regenwald, was vor allem im Herbst ein Fest für Fotografen wird, wenn sich die Bäume hinter den Kirchenkuppeln aus Kalksandstein bunt verfärben. Bei unserem Besuch Ende September zeigten die sommerlich grünen Bäume noch keinerlei Anzeichen auf den nahenden Herbst. Das Kloster soll im 10. Jh. von Mönchen gegründet worden sein, die vor den Christenverfolgungen im vom byzantinischen Reich beherrschten Westarmenien geflohen waren.

Abb. 15: Kloster Goschavankh

Abb. 16: Unterer Teil des einzigartigen Kreuzsteins in Goschavankh

Der Klosterkomplex umfasst drei Kirchen (Muttergotteskirche, Stephanoskirche und Grigorkirche), die Kapelle Kathoghike, zwei große Gawite, von denen einer heute nur noch als Ruine erhalten ist, eine Grabkammer von zwei Königen, ein raumgreifendes Refektorium, eine statische Meisterleistung, sowie die Ruinen weiterer profaner Gebäude. Sie wurden zwischen dem 10. und 14. Jh. erbaut.

Im 12./13. Jh. erlebte das Kloster seine Blütezeit, als es durch das Wirken von Chatschatur von Taron, der mithilfe einer besonderen Notation liturgische Gesänge in Armenien einführte, zur bedeutenden Musikakademie wurde. Von der wechselvollen Geschichte des Klosters erzählen über 100 Inschriften an den Wänden, vor allem im zerstörten Gawit der Muttergotteskirche.

Ende des 17. Jh. wurden die drei Kirchen umfassend renoviert. Nach der Verwüstung des Klosters durch den grausamen Schah Aga Mohammed Khan von Persien Ende des 18. Jh. wurde der Klosterbetrieb 1861 wieder aufgenommen und das Kloster bis 1901 renoviert. Eine erneute Renovierung zwischen 2008 und 2013, die vom Sultan bin Mohamed al-Qassimi III. vom Emirat Schardscha unterstützt wurde, ist wegen der Finanzierung in der Bevölkerung umstritten.

Im Kloster und in der näheren Umgebung sind auch mehrere Kreuzsteine zu besichtigen, von denen einige einen hohen künstlerischen Wert haben, darunter ein Stein aus dem 13. Jh. mit reicher ornamentaler Dekoration sowie Steine des Meisters Poghos. Einer von 1291 gilt als Meisterwerk, in seinem Zentrum sind ein Kreuz auf einer schildförmigen Rosette über einem achtzackigen Stern zu sehen, die jeweils von mehreren Schichten von fein ausgearbeiteten Ornamenten umgeben sind. In ihnen wird eine komplizierte Kombination aus floralen und geometrischen Motiven dargestellt, die sich nicht wiederholen.

Eine besondere Sehenswürdigkeit im Kloster ist der ausgehöhlte Stumpf eines noch lebenden Walnussbaumes. Wie ein Wächter steht er mit scheinbar erhobener Hand neben dem Kloster, spendet Schatten und ist ein bezauberndes Fotomotiv.

***

Nach so viel Klosterkultur mussten wir uns erst einmal stärken. Das Mittagessen, in einem Privathaushalt in Dilidschan, war wieder extrem umfangreich mit beeindruckender Auswahl an frischen Kräutern, Salaten, Gemüse und etwas Fleisch, Obst zum Nachtisch und natürlich Bier und Wein zum Essen. Das Essensangebot wurde von unserem Mecker-Ossi, wie fast immer, mit „Da kann man nicht meckern." kommentiert. Er hatte ständig und zu allem irgendetwas beizutragen, und sei es der größte Schwachsinn. Womit er fast alle aus unserer Reisegruppe permanent nervte, da er sich in jedes Gespräch einmischte.

Und, wenn ihm mal nichts mehr einfiel, was er äußern oder fragen (er hatte wissensmäßig absolut unbelastet die Reise angetreten) konnte, sang er peinlicherweise Heino-Lieder, denn nur dieser Künstler könne überhaupt singen. Er rühmte sich bei jeder Gelegenheit damit, dass er alle seine Platten besitze, und bewies dies mit der wiederholten Rezitation der Liedtexte. Da Samuel nach jedem kleinen Ausflug die Vollständigkeit unserer Gruppe überprüfte, war es leider nicht möglich, ihn irgendwo zu entsorgen.

Ebenfalls in Dilidschan besuchten wir die Werkstatt eines Kreuzsteinmeisters. Kreuzsteinen, auch Chatschkar genannt, waren wir ja ständig begegnet und hatten uralte, einzigartig gestaltete Exemplare wie zum Beispiel auf dem Friedhof von Noratus und in den beiden Klöstern am Morgen dieses Tages gesehen. Sie stellen ein für Armenien besonders typisches Kulturgut da. Die ältesten Exemplare stammen aus dem 9. Jh., der gestalterische Höhepunkt lag im 12./13. Jh. Heute gibt es nur wenige Meister, die die Kunst der Herstellung beherrschen. Die Herstellung eines Kreuzsteines kann viele Wochen dauern und jeder Stein ist individuell, d.h. es gibt keine Kopien.

Dazu werden in flache, aufrechtstehende, rechteckige Steinplatten aus Granit, Tuff oder Sandstein von bis zu drei Metern Höhe mit Hammer und feinen Meißel kunstvolle Ornamente gehauen. In der Mitte befindet sich fast immer ein großes Reliefkreuz, das von kunstvollen geometrischen und pflanzlichen Motiven umgeben und feinem Flechtwerk überzogen ist. Meistens werden Palmetten, Ranken, Granatäpfel, Weintrauben, Schlangenlinien, Tierformen, abstrakte Verknotungen und Rosetten herausgehauen. Die Steine sind gewöhnlich vollständig bemustert. Gelegentlich wird der Stein von einem Gesims mit biblischen Themen oder Heiligenabbildungen bekrönt.

***

Über die M3 fuhren wir nach Nordwesten und ab Wanadsor über die M6 in nordöstlicher Richtung bis kurz nach Alawerdi, wo wir im modernen Gayane-Hotel im Örtchen Haghpat übernachteten. Die letzten 20 km Straße vor Alawerdi waren äußerst abenteuerlich, da sie sich, obwohl eine der weniger Hauptverbindungen nach Georgien, in einem katastrophalen Zustand befand. An ihr wurde gerade herumgebaut, aber es sah nicht so aus, als würde die Erneuerung bald abgeschlossen sein. Bis dahin würde wohl weiterhin jeweils eine Straßenseite gesperrt bleiben und der gesamte Verkehr völlig ungeregelt sich über riesige Schlaglöcher aneinander vorbeiquetschen müssen.

Die ehemalige Industriestadt Wanadsor ist mit 110.000 Einwohnern Armeniens drittgrößte Stadt und Hauptstadt der Provinz Lori, wobei die verfügbaren Angaben über die Größe enorm schwanken. Sie war 1988 durch das schwere Erdbeben, dessen Epizentrum beim Dorf Spitak 20 km entfernt war, stark beschädigt worden. Davor und vor dem wirtschaftlichen Zusammenbruch der Sowjetunion hatte die Stadt bis zu 150.000 Einwohner. In der jüngsten Vergangenheit wurden verschiedene Universitäten und Chemiebetriebe angesiedelt, was zu einem kräftigen Wachstumsimpuls geführt hat.

Die Provinz Lori hat ungefähr doppelt so viele Einwohner wir ihre Hauptstadt. Sie ist eine ziemlich waldreiche Gebirgsregion mit unberührten Gegenden und tiefen Schluchten. Lori gilt als Land der Märchen und war Heimat des Dichters Howhannes Tumanjan (1869-1923). Die Provinz beherbergt mit den Klosteranlagen Haghpat und Sanahin zwei Weltkulturerbestätten der UNESCO.

Auf dem Weg von Dilidschan nach Wanadsor kamen wir an den beiden Dörfern Fioletowo und Lermontowo vorbei, die sich von ihrem Aussehen deutlich von anderen armenischen Dörfern unterscheiden. Die weißgetünchten Häuser stehen in Reih' und Glied an der staubigen Dorfstraße, haben bunte Festerrahmungen, hübsche Veranden und ordentlich gepflegte Gärten. Sie werden meist von russischstämmigen Molokanen bewohnt, spirituellen Christen, die sich von der Russisch-Orthodoxen Kirche losgesagt haben und aus dem zaristischen Russland vertrieben wurden. Sie sehen sich als Nachfolger des Urchristentums und sind neben den Jesiden die wichtigste Minderheit in Armenien. Ihren Namen haben sie daher erhalten, dass sie sich an Fastentagen von Milch ernähren. Sie leben extrem asketisch, z.B. ohne Alkohol und Fernsehen, und haben eine eigene Schule. In Armenien leben ca. 5.000 Molokanen.

Alawerdi, zu dessen Stadtgebiet das Dorf Sanahin und der gleichnamige Klosterkomplex gehören, liegt in einer bis zu 500 m tiefen Schlucht des reißenden Gebirgsflusses Debed. Im 18. Jh. begann unter dem georgischen König Irakli II. die Kupfergewinnung, was im 19. Jh. durch russische Geologen weiterausgebaut wurde, so dass im Jahr 1900 nach Anschluss Alawerdis an die Eisenbahnlinie Jerewan-Tiflis mit 2.000 t aus der Region 25 % des damaligen russischen Kupferbedarfs gedeckt wurde. In den Blütezeiten der Sowjetzeiten waren es sogar jährlich 55.000 t. Heute, nach Schließung der Kupferminen und Niedergang der chemischen Industrie, wovon die vielen trostlosen und verfallenen Industrieruinen zeugen, ist die Zahl der Einwohner von ehemals 22.000 auf unter 17.000 gefallen. Gründe für die Schließungen waren dabei nicht nur der wirtschaftliche Niedergang Armeniens, sondern auch das zunehmende Bewusstsein für Gesundheits- und Umweltschutz.

***

Nach dem Einchecken im Hotel machten wir uns auf den Weg, das dritte Kloster des Tages zu besichtigen, nämlich Sanahin. Bereits im 4. Jh. soll Gregor der Erleuchter auf dem Klosterberg ein Gedenkkreuz errichtet haben, wo sich zuvor ein vorchristlicher Kultplatz mit einem Tempel befunden hatte. Im 5. Jh. soll eine erste Kapelle entstanden sein. Das eigentliche Kloster wurde in der ersten Hälfte des 10. Jh. gegründet, das älteste Gebäude ist die Muttergotteskirche von 934.

Der gesamte Klosterkomplex ist von einer Mauer umgeben und umfasst fünf Kirchen, zwei Gawite, eine Schule, eine Bibliothek, eine Akademie, einen Friedhof und einen Glockenturm. Die Hauptgebäude gruppieren sich um die Muttergotteskirche und sind mit dieser baulich zu einem architektonischen Meisterwerk verbunden. Die Harmonie der Bauten und Räume und ihre feierliche Abstimmung aufeinander überträgt sich als feierliches Raumerlebnis auf die Besucher. Zum Kloster gehören mehrere Grabmale. Im 11. bis 13. Jh. wurde Sanahin durch Naturkräfte, die Seldschuken und die Mongolen mehrfach zerstört.

Abb. 17: Kloster Haghartsin

Abb. 18: Kloster Sanahin

Die Muttergotteskirche und die größere Erlöserkirche, deren Innenräume mit heute zerstörten Fresken geschmückt waren, sind durch die Akademie miteinander verbunden, deren Boden mit Grabplatten bedeckt ist. Sie fungierte als Ausbildungsstätte, in der der Philosoph, Schriftsteller und Wissenschaftler Grigor Magistros Pahlavuni (ca. 990-1058) wirkte. Seine Schriften gelten als wichtige Quelle für die mittelalterliche Theologie, Literatur, Mythologie, Politik, Naturwissenschaft und Medizin Armeniens. Er übersetzte Schriften Euklids, Platons und anderer antiker Autoren. Auf dem Klostergelände finden sich auch mehrere Kreuzsteine und Grabmale.

Auf dem Rückweg zum Hotel durchquerten wir das Dorf Sanahin und gelangten zu einem Gelände, das ein kleines Museum zu Ehren von Artjom Mikojan (1905-1970) beherbergt. Er war einer der bedeutendsten Flugzeugkonstrukteure der Sowjetunion und hat zusammen mit dem Ingenieur Michail Gurewitsch die leistungsstarken MiG-Jagdflugzeuge entwickelt. Unter einem gewölbten Betondach erinnert an ihn eine MiG, in deren Strahltriebwerke inzwischen Vögel nisten. Artjom wurde zusammen mit seinem Bruder Anastas (1895-1978), Mitglied des sowjetischen Politbüros, Minister unter Stalin und Chruschtschow und 1964-1965 Staatsoberhaupt der UdSSR, in Sanahin geboren. Anastas war außerdem einer der Hauptverantwortlichen für das Massaker von Katyn sowie weitere Massenexekutionen 1940.

Abb. 19: Gedenkstätte für Artjom Mikojan

29. September 2019, Rückkehr nach Jerewan

Ein Kloster, für das Alawerdi berühmt und das zum Weltkulturerbe gehört, wartete noch auf uns, kam aber erst am Rückreisetag nach Jerewan dran, da uns die drei Klöster und die längere Fahrt am Vortag schon ziemlich ausgefüllt und beseelt hatten. Kloster Haghpat bzw. Haghapatavankh, auf einem Hochplateau gelegen, empfing uns aufgrund unseres „Heimvorteils" relativ früh, so dass wir uns den Genuss mit wenig anderen Touristen teilen mussten.

Es war vermutlich 976 von Königin Khosrovanush, Gemahlin von König Ashot III., gegründet und in den folgenden drei Jahrhundert ausgebaut worden. Ebenso wie Sanahin ist das Kloster eine herausragende Leistung der mittelalterlichen Architektur in Armenien und gilt als klassisches Beispiel armenischer Klosterbaukunst schlechthin. Es ist wegen der Vielzahl der Einzelgebäude (Kirchen, Kapellen, Gawite, Mausoleen, Refektorium, Bibliothek, Akademie und Glockenturm) einer der reichsten Klosterkomplexe. Sayat Nova, Armeniens bekanntester und beliebtester Sänger, Dichter und Kamantsche-Spieler, suchte im 18. Jh. hier Schutz vor Verfolgung und Ruhe für sein unstetes Leben.

Das Kloster ist von einem Mauerring umgeben, in dessen Inneres zwei Tore führen. Im Bogengang neben dem Nordportal der Kreuzkirche steht ein besonders schöner Kreuzstein von 1273. Er ist insofern außergewöhnlich, weil sich in seinem Zentrum kein Kreuz, sondern eine figürliche Darstellung der Kreuzabnahme Christi befindet, die von den Porträts der zwölf Apostel umrahmt wird, deren Gesichter sehr lebendig wirken.

Unter dem Giebel der östlichen Fassade der Kirche des Heiligen Zeichens (Surb Nschan) ist ein vollplastisches Relief der beiden Kirchenstifter angebracht, der Söhne der Königin, von denen einer ein Barrett und der andere als Zeichen seiner königlichen Würde einen vom Kalifen verliehenen Turban trägt. Gebaut worden war die Kirche vermutlich von dem berühmten Architekten Trdat bzw. Tiridates (ca. 950-1120). Auf dem höchsten Punkt des Klostergeländes thront ein freistehender Glockenturm von 1245 mit drei Geschossen und mehreren kleinen Kapellen in seinem Inneren.

***

Abb. 20: Im Gawit von Kloster Haghpat

Abb. 21: Sanahin-Brücke

Auf der Rückfahrt nach Jerewan legten wir in Alawerdi einen kurzen Stopp an der steinernen Sanahin-Brücke ein, die 1192 gebaut wurde. Sie führt über den Debed und wurde im Jahr 2000 in die gemeinsame Welterbestätte der Klöster Haghpat und Sanahin aufgenommen. Sie gilt als älteste erhaltene Brücke Armeniens mit einer Spannweite von 18 m und als ältestes weltliches Baudenkmal in Armenien überhaupt.

Die Brücke ist ein architektonisches Meisterwerk. Sie verfügt über solides Quadermauerwerk, das von den zurückliegenden 800 Jahren kaum Spuren der Abnutzung zeigt. Zur Verzierung der Brücke wurden die Brüstungsmauern mit stilisierten Löwen versehen. Unmittelbar hinter der Brücke beginnt der Aufstieg zum Kloster Sanahin, nach dem die Brücke benannt ist. Dort bildet das Ufer einen felsigen Steilhang, der bis in den Fluss hinabreicht. Die Erbauer mussten bei der Errichtung der Brücke den Höhenunterschied zwischen beiden Ufern ausgleichen, daher wurde die nicht befahrbare Brücke mit zahlreichen Stufen versehen, die sich in die Treppenanlage des jenseitigen Ufers unmerklich einfügen.

***

Auf der Weiterfahrt über die M3 nach Jerewan konnten wir an vielen Stelle die durch das schwere Erdbeben entstandenen Schäden sehen. Es war am 7. Dezember 1988 um Spitak ausgebrochen, hatte mindestens 25.000 Tote gefordert und zählt im Kaukasus zu den schwersten Erdbeben der letzten Jahrzehnte.

Die gesamte Kaukasusregion ist als Faltengebirge, das sich durch das Zusammenstoßen der Eurasischen mit der Arabischen Kontinentalplatte gebildet hat, extrem gefährdet, es kommt immer wieder zu heftigen Erdbeben. Die arabische Platte verschiebt sich jährlich um 2,5 cm in Richtung Norden, so dass sich das Gebirge bis heute weiter auffaltet. Spitak war 1988 so schwer zerstört worden, dass die Stadt nach dem Beben, das den Wert 6,8 auf der Richterskala erreichte, aufgegeben und an einer etwas anders gelegenen Stelle völlig neu aufgebaut wurde.

Nach dem Beben konnten rund 15.000 Menschen aus den zusammengestürzten Gebäuden gerettet werden, aber fast eine Million Menschen wurde innerhalb eines kurzen Augenblicks obdachlos. In der Folge kam es zum ersten Mal während des Kalten Krieges zu humanitären Hilfsmaßnahmen westlicher Organisationen in der Sowjetunion, zu der damals Armenien noch gehörte. Aus Deutschland kamen vor allem Orthopäden zu Hilfe, um die Vielzahl der entstandenen Knochenbrüche zu behandeln.

Außer den genannten Gründen gab es andere Faktoren, die dazu führten, dass die Anzahl der Toten und Obdachlosen so hoch ausgefallen ist. So herrschten zur Zeit der Katastrophe winterliche Temperaturen, wodurch Menschen, die das eigentliche Beben überlebten, in der Folge im Freien erfroren. Es wird berichtet, dass in Spitak und den umliegenden Ortschaften fast 80 Prozent des medizinischen Personals in den zusammengestürzten Krankenhäusern und Arztpraxen ums Leben kam und somit die medizinische Versorgung nicht mehr gegeben war.

Einige Kilometer südlich von Spitak am 2.152 m hohen Pamb-Pass, wo die Überlandstraße das Pambak-Gebirge durchquert, konnten wir an einem Berghang deutlich eine kilometerlange, tiefe Verwerfung erkennen, die durch das Erdbeben entstanden ist. Das Gebirge besteht aus magmatischem Gestein und erstreckt sich zwischen der Großstadt Gjumri im Nordwesten bis zum Nordwestufer des Sewansees im Osten. Gjumri, mit 172.000 Einwohnern Armeniens zweitgrößte Stadt, war 1988 ebenfalls schwer beschädigt worden.

***

Südlich des Passes am Osthang des Berges Aragaz durchquerten wir einige Dörfer, die mehrheitlich von Jesiden bewohnt sind. Sie sind Halbnomaden, die im Sommer mit ihren Herden in die Hochlagen des Berges hinaufziehen. Sie leben von der Viehzucht und dem Verkauf von würzigem Käse. In Armenien leben heute zwischen 40 und 60 tausend Jesiden, die ursprünglich in der Folge des Russischen-Türkischen Krieges 1828/29 ins Land gekommen waren, da sie als vermeintlich Ungläubige von Muslimen (bis heute) verfolgt werden. Sie sind gut in die armenische Gesellschaft integriert, haben Religionsfreiheit und können ihre kulturellen Traditionen pflegen. Ihr Oberhaupt ist ein Scheich, an den sie Steuern zahlen.

Der Aragaz, ein erloschener Schichtvulkan 100 km nördlich des biblischen Ararats, ist mit 4090 m die höchste Erhebung in Armenien. Er liegt an der Grenze der Provinzen Schirak und Aragazotn. Der ausgefranste Kraterrand hat in jeder Himmelsrichtung einen kleineren Nebengipfel und ist der Rest eines, wie man schätzt, 10.000 m hohen Berges, der vor 100.000 Jahren auseinandergebrochen ist. Der Aragaz ist in den Sommermonaten ein beliebtes Ziel für Bergwanderer. An seinem Südhang liegen das Observatorium Bjurakan, eine der Hauptsternwarten der ehemaligen Sowjetunion, und die Reste der mittelalterlichen Burg Amberd.

In der Kleinstadt Aparan, die von Armeniern und Kurden bewohnt wird, legten wir einen Zwischenstopp ein und besuchten ein Shopping-Center mitten in der Innenstadt. Die Hauptattraktion hier ist eine Schaubäckerei direkt am Eingang, in der frei zugänglich mehrere Tonöfen (Tandur bzw. Tonir) in den Boden eingelassen sind, in denen armenisches Brot gebacken wird. Die Bäcker stürzen sich dabei kopfüber bis zur Hüfte in die Ofenöffnung und klatschen einen Brotlaib an die heiße Wand eines Tonirs. Das fertig gebackene Brot wird mithilfe einer langen Stange von der Wand gelöst und aus dem Ofen geangelt.

In historischer Hinsicht ist Aparan bedeutend, es wurde schon im 2. Jh. von Ptolemäus unter seinem früheren Namen Khasach erwähnt, war die traditionelle Sommerresidenz der vorchristlichen armenischen Könige und erhielt im 4./5. Jh. mit der Khasacher Basilika, die vorbildlich restauriert ist, eine der ersten armenischen Kirchen. Im Mai 1918 wurde hier eine siegreiche Schlacht der Streitkräfte der Demokratischen Republik Armenien gegen die auf Jerewan vorrückende türkische Armee geschlagen. Daran erinnert ein 1978 errichtetes monumentales Kriegerdenkmal am nördlichen Stadtrand mit einem Mausoleum, in das der Leichnam des damaligen Befehlshabers, Drastamat Kanajan, genannt Dro, überführt wurde.

Ungefähr auf halbem Weg zwischen Aparan und der Provinzhauptstadt Aschtarak steht ein 33 m hohes Kunstwerk, das sich aus 1.700 Metallkreuzen zu einem einzigen turmhohen Kreuz zusammensetzt. Es wurde im Jahr 2001 errichtet und erinnert an die Christianisierung Armeniens. Jedes Jahr im Oktober wird es um ein zusätzliches Kreuz ergänzt. Ob die Anzahl tatsächlich stimmt, konnten wir aus Zeitgründen leider nicht überprüfen.

Etwas weiter südlich bei der Ortschaft Artaschawan wurde 2005 direkt an der Schnellstraße ein ungewöhnlicher Skulpturenpark angelegt. Im „Park des Alphabets" ist für jeden Buchstaben des armenischen Alphabets ein zwei Meter hohes steinernes Denkmal aus rotem und schwarzem Tuffstein errichtet worden. Das Ensemble aus 39 Steinbuchstaben ist auf genau 1.600 m Höhe zur 1600-Jahresfeier des Alphabets eröffnet worden, das von dem armenischen Heiligen Mesrop Maschtoz (ca. 360-440) entwickelt worden war. Mit der Einführung des Nationalalphabets konnte die Bibel im Jahr 435 in die Landessprache übersetzt werden, was den Status der armenischen Kirche als Volks- bzw. Nationalkirche festigte. Seine 36 Buchstaben sind in jüngerer Zeit um drei weitere ergänzt worden.

Wenige Minuten Fahrtzeit später hatten wir Aschtarak erreicht, wo wir zum Mittagessen einen kleinen Bauernhof aufsuchten. Das 20.000-Einwohnerstädtchen liegt an den sanft auslaufenden und fruchtbaren Hängen des Aragaz und war schon zu Urzeiten besiedelt. Die Nähe zu Jerewan und die verkehrsgünstige Lage machen es heute zu einem beliebten Wohnort. Im Zentrum gibt es u.a. vier mittelalterliche Kirchen und eine steinerne Dreibogenbrücke, die die unterschiedlich hohen Seiten der Khasach-Schlucht, die die Stadt durchzieht, kunstvoll miteinander verbindet. Aschtarak liegt im „Obstgarten Armeniens", ist ein Zentrum der Nahrungsmittel verarbeitenden Industrie und feiert alljährlich im Herbst das Walnuss-Festival. Walnüsse aus Aschtarak sind landesweit für ihre hervorragende Qualität bekannt.

***

Vor dem Mittagessen hatten wir zur Einstimmung auf die Tradition der armenischen Literatur den Skulpturenpark an der M3 gesehen, leider nur im Vorbeifahren. Daher bot es sich nun an, den Matenadaran in Jerewan aufzusuchen, um die armenische Schrift näher kennenzulernen. Der „Aufbewahrungsort von Handschriften" ist das Zentralarchiv für alte armenische Handschriften. Im Jahr 1997 wurde die Sammlung von der UNESCO zum Weltdokumentenerbe erklärt.

Das Gebäude residiert am Ende des Mesrop-Maschtoz-Boulevards an einem Hang, von wo man einen phantastischen Blick auf die Stadt hat. Das Gebäude wurde im neo-armenischen Stil zwischen 1945 und 1957 von Mark Grigoryan, dem damaligen Hausarchitekten von Jerewan, errichtet. Das Magazin war atombombensi-

Abb. 22: Matenadaran

Abb. 23: Im Treppenhaus des Matenadaran

cher in den Felsen gehauen geworden und leidet heute unter Wassereinbrüchen.

Der Hauptteil des Bestandes von 17.000 Handschriften und 8.000 weiteren Dokumenten aus 1.500 Jahren geht auf die Bibliothek des Katholikats der Armenischen Apostolischen Kirche in Etschmiadsin zurück. Sie war 1920 von den Bolschewiken nach Moskau verschleppt und 1939 nach Jerewan zurückgebracht worden.

Die heutige Sammlung enthält herausragende Beispiele armenischer Miniaturen von außergewöhnlicher Feinheit und Farbenkraft. Das Etschmiadsin-Evangeliar von 989 mit vier ganzseitigen Miniaturen vom 6./7. Jh. in einem Elfenbeineinband des 6. Jh. hat fast den Rang einer nationalen Reliquie. Wissenschaftler aus aller Welt kommen hierher zum Studium armenischer Handschriften, die alle Bereiche der Wissenschaften umfassen.

Am Stiegenaufgang zum Gebäude stehen Statuen bedeutender Dichter und Gelehrten, u.a. von Mesrop Maschtoz, Mechithar Gosch (s. Kloster Goschavankh) und Grigor Tatevezi (s. Tatev-Kloster) sowie von Thoros Roslin, Armeniens bedeutendstem Miniaturenmaler. In den Wandgemälden des Treppenhauses, durch das man hinauf zu den Ausstellungssälen gelangt, ist die geschichtliche Entwicklung der armenischen Schrift dargestellt.

Ein Besuch der Bibliothek gehört zu den Höhepunkten einer Armenien-Reise, da den Armeniern nichts so kostbar ist wie ihre Handschriften und Bücher. Sie haben für die Tradition und Geschichte einen unermesslichen Wert. Samuel hatte für uns eine Führung durch die Ausstellung organisiert, die sehr informativ mit fundiertem Wissen von einer älteren Dame geleitet wurde. Sie zeigte und erläuterte uns auf Deutsch die wertvollsten Ausstellungsstücke wie das o.g. Evangeliar, ein berühmtes Bild Grigor Tatevezis und eine mit kostbaren Goldblättchen verzierte Bibel aus Konstantinopel. Außerdem die größte, 34 kg schwere Handschrift von 1200-02, für deren Ledereinband angeblich 700 Kalbshäute verwendet wurden, und das kleinste Buch, das nur 3x4 cm groß ist und 19 g wiegt.

30. September 2019, Felsenkloster und Sonnentempel

An diesem Montagmorgen nach dem Frühstück machten wir uns auf den Weg zu weiteren Sehenswürdigkeiten 30 km östlich der Hauptstadt. Der Verkehr war unglaublich, alle Hauptdurchgangsstraßen waren gnadenlos verstopft, wir quälten uns im Schritttempo aus der Stadt hinaus. Über ein Drittel der Inlands-Armenier wohnen in Jerewan und jeder scheint ein Auto zu besitzen. Vermutlich tragen die 7 Millionen Diaspora-Armenier ebenfalls ihren Anteil zur Straßenverstopfung und Umweltverschmutzung bei. Sie leben überall auf der Welt, vor allem in Europa, Russland, auf den beiden amerikanischen Kontinenten und im Vorderen Orient. Allein in Kalifornien soll eine Millionen Armenier leben.

Eine Besonderheit im armenischen Straßenverkehr ist der im internationalen Vergleich extrem hohe Anteil an Kraftfahrzeugen, die mit Erdgas statt Benzin oder Diesel betrieben werden. Es wird geschätzt, dass dieser Anteil 20–30 % beträgt, was ein einmalig hoher Wert ist (in den Niederlanden sind es rund drei Prozent, in Deutschland noch weniger). Der Grund sind die hohen Transportkosten für Benzin und Diesel, während Erdgas zu günstigen Preisen aus Russland per Pipeline importiert wird. Erdgas ließe sich sogar deutlich günstiger aus dem Iran importieren, aber Putin soll das durch entsprechende Knebelverträge mit der armenischen Regierung verhindert haben.

Unser erstes Ziel war der Tscharenz-Bogen wenige Kilometer hinter Jerewan. Dieser steinerne Bogen war 1957 zu Ehren des äußerst beliebten armenischen Dichters Jeghische Tscharenz (1898-1937) an einer Stelle errichtet worden, von der aus man bei klarem Wetter einen atemberaubenden Blick auf den Ararat hat. Davor breitet sich ein ödes, von der Sonne ausgetrocknetes Hochplateau aus, das in seiner Kargheit durchaus einen großen Reiz hat.

Der Dichter, der im Zuge des Großen Terrors verhaftet und in einem Gefängnis des NKWD „unter ungeklärten Umständen" zu Tode kam, soll hier häufig verweilt haben, um sich von der Natur seiner geliebten Heimat inspirieren zu lassen. Auf dem Bogen steht die berühmteste und am häufigsten zitierte Zeile seiner Liebeserklärung an Armenien, die jedes armenische Kind auswendig kennt. Nach Stalins Tod war er 1954 rehabilitiert worden. Zu seinen Ehren wurden im Jerewaner Ringpark am Ostrand des Stadtzentrums ein Denkmal errichtet und 1967 die erst 1948 gegründete Stadt Lussawan, 25 km nördlich von Jerewan, nach ihm in Tscharenzawan umbenannt.

Unsere beiden Hauptziele Garni und Geghard liegen im 240 km² großen Khosrov-Nationalpark. In seiner heutigen Größe ist er 2006/07 angelegt worden, geht aber auf Jagdreservate des Herrschers Chosrau III. im 4. Jh. zurück. In ihm leben viele bedrohte bzw. seltene Tierarten wie der Persische Leopard, der Syrische Braunbär, der Tigeriltis, die Wildziege, der Mönchsgeier, der Rötelfalke, die Steppenweihe, die Blauracke und der Halbringschnäpper. Und viele weitere Tierarten sind im Nationalpark zu finden wie Wölfe, Eurasische Luchse, Steinmarder, viele Geierarten, Europäische Bienenfresser, drei Skorpion- und 33 Reptilienarten.

Die Tierwelt ist allerdings durch illegale Jagd bedroht, die von Regierungsangehörigen gefördert oder sogar durchgeführt wird, wie das offizielle Armenische Reisebüro auf seiner Internetseite beschreibt. Es soll Berichte über Offiziere des Militärs geben, die organisierte Jagden mit Hubschraubern in die Reservate veranstalten, bei denen geschützte Arten mit automatischen Waffen abgeschlachtet werden. Ökotouristen werden vom Betreten der Gebiete durch die Torwächter abgehalten, während Generale, Minister und reiche internationale Jäger den Park als privates Jagdrevier nutzen dürfen. Eine größere Bedrohung geht jedoch von den sinkenden Beutetierbeständen, den Lebensraumveränderungen und der Verfolgung der Leoparden aus, die als Nutztiertöter angesehen werden.

***

Der Ort Garni, der heute 7.500 Einwohner hat, thront auf einem bis zu 200 m hohen Felsplateau über dem Flusstal des Azat. Es wird von senkrechten Basaltsäulen und -blöcken getragen, die die Natur geschaffen hat. Die ersten Spuren menschlicher Besiedlung datieren auf das dritte vorchristliche Jahrtausend, seit dem 1. Jh. v.Chr. wurde der Ort als Sommerresidenz der armenischen Könige ausgebaut, wovon noch Festungsruinen existieren.

Vermutlich Tiridates I. ließ im 1. Jh. einen hellenistischen Mithras-Tempel mit 24 ionischen Säulen errichten, der als Tempel von Garni bekannt ist. Er gilt als einziger erhaltener heidnischer Tempelbau Armeniens und war wahrscheinlich einem Sonnengott geweiht. Er ruht auf einem hohen Podest, zu dem steile Stufen hinaufführen. Er wurde bei einem Erdbeben 1679 zerstört und seit 1966 mit Original-material rekonstruiert.

Bei jüngeren Ausgrabungen wurde ein römisches Badehaus aus dem 3. Jh. mit gut erhaltenem Mosaikfußboden entdeckt, dessen Reste nun unter einem Schutzdach untergebracht sind. Es lässt sich gut die Abfolge der drei Heiß-, Warm- und Kaltbaderäume erkennen, die durch Warmluft unter dem Fußboden beheizt wurden. Auf dem Plateau finden sich auch die Grundmauern eines Palastes und die Reste der Sionkirche aus dem 7. Jh.

***

Das Kloster von Geghard, Geghardavankh, mit seinen bemerkens-werten Felsenkirchen und Gräbern ist ein außergewöhnlich gut er-haltenes und vollständiges Beispiel mittelalterlicher armenischer Klosterarchitektur und dekorativer Kunst, mit vielen innovativen Merkmalen, die die nachfolgenden Entwicklungen in der Region tiefgreifend beeinflussten. Es liegt vor dem Ende einer Schlucht, die der Azat in die Berge gegraben hat, an der Grenze zwischen den Provinzen Kotajk und Ararat. Es schmiegt sich harmonisch in die wildromantische Landschaft einer rauen Bergkulisse ein.

Dort schlugen in vorchristlicher Zeit Menschen Höhlen in das wei-che vulkanische Gestein. Aufgrund seiner großartigen Lage und Felsarchitektur, umstellt von hohen Bergen, gehört das Kloster zu den schönsten Klosteranlagen Armeniens und zu den bedeutends-ten Zeugnissen der Armenischen Apostolischen Kirche. Es wurde im Jahr 2000 in das UNESCO-Welterbe aufgenommen.

Seine Gründung wird im 4. Jh. dem Heiligen Gregor zugeschrie-ben. Von den Arabern wurde es im 9. Jh. vollständig zerstört, so dass keine Bauten aus dieser Zeit erhalten sind. Der Neuaufbau begann 1215. 1679 wurde das Kloster durch ein Erdbeben schwer beschädigt und blieb verlassen, bis es nach der Eroberung Armeni-ens durch Russland wieder von einigen Mönchen aus Etschmiadsin besiedelt wurde.

Abb. 24: Der Sonnentempel von Garni

Abb. 25: Eingang zur Grablege der Familie Proschjan im Kloster Geghard

Abb. 26: Treppe zur Hangkapelle im Kloster Geghard

Erst im 20. Jh. wurde es für den Tourismus restauriert und ist heute Armeniens beliebtester Wallfahrtsort. Vor allem am Wochenende wird es laut im Kloster, Brautpaare kommen zur Trauung, Kinder werden getauft, Opfertiere werden zur Segnung gebracht, in der Umgebung wird gegrillt und Picknick gemacht. Bewohner des nahen Dorfes, fahrende Händler und Musikanten versuchen von den Besuchern, etwas Geld abzuknöpfen. Dennoch ist das belebte Kloster eine Insel der Ruhe, denn tief im Inneren des Berges dringt der Lärm in den Chorraum der Felsenkirchen nicht mehr ein.

Nur die Hauptkirche von 1215 ist freistehend, alle anderen Gebäude sind teils oder ganz in die Felsen gehauen. Auch der zehn Jahre später der Hauptkirche vorangestellte Gawit, der eine wesentlich größere Grundfläche bedeckt, ist in den Felsen eingelassen. Der obere Gawit von 1288 ist tief im Fels verborgen und soll der schönste Raum des Klosters sein. In ihn gelangt man über eine steile Hangtreppe und einen engen, dunklen Gang. Der hohe Raum, einst nur mit Hammer und Meißel in den Berg gehauen, hat eine einzigartige Akustik, wovon wir uns überzeugen konnten, als vier Sänger einige kirchliche Lieder anstimmten.

Außerhalb des Komplexes ist oberhalb der Wohn- und Wirtschaftsgebäude eine kleine Kapelle in den Hang eingelassen, die über eine steile Stiege erreichbar ist. Sie ist vermutlich der älteste Bau der Anlage und der hl. Mutter Gottes geweiht. An mehreren Stellen außerhalb und innerhalb der Kapellen finden sich kunstvoll gehauene Kreuzsteine.

***

Nach dem Mittagessen in Garni kehrten wir nach Jerewan zurück, um den letzten Programmpunkt unserer Rundreise zu erledigen: den Gumi-Shuka-Markt auf der Movses-Khorenatsi-Straße am Südrand des Stadtzentrums. In der großen Markthalle gibt es im Erdgeschoss Gewürze, Frisch- und Trockenobst, Käse, Getreidekörner, Süßigkeiten und andere Lebensmittel in Hülle und Fülle. Im kleineren Obergeschoss der Halle kann man vor allem Schuhe, Klamotten und Haushaltsgegenstände kaufen.

Besonders beeindruckend und eher afrikanisch anmutend sind die riesigen Säcke an Gewürzen und Getreidearten, aus denen man sich beliebige Mengen abfüllen lassen kann. Auffällig sind weiterhin die vielen Säcke mit den unterschiedlichsten Trockenobstsorten und die teils kunstvollen Süßigkeitengebinde. Bei diesem Anblick kann man nachvollziehen, dass der deutsche Landschafts- und Genremaler Paul von Franken, der als Maler des Kaukasus bekannt wurde, 1861 in Heft 7 des illustrierten Familienblattes „Die Gartenlaube" in seinem Beitrag „Auf dem Bazar von Eriwan" schwärmt:

Der Bazar von Eriwan unterschied sich wesentlich von dem von Tiflis und nahm mein Interesse im höchsten Grade in Anspruch, sowohl wegen der malerischen Motive, an denen er überreich ist, als auch wegen der ganz vorzüglichen Früchte, die hier feil geboten wurden. Mehr als durch die unvergleichliche Augenweide wurde ich durch den über alle Beschreibung süßen und aromatischen Geruch entzückt, den die hoch in Körben und auf dem Boten aufgestapelten Pfirsichen und Melonen (Dutma), verbreiteten. Es ist viel gesagt, aber wahr, dass ihr Duft trotz der vielerlei unangenehmen Dünste dieses, wie wohl jedes Bazars, der vorherrschende war und mich noch mehr, als ihr liebliches Aussehen, zu verlocken drohte, den dringenden Warnungen meines Freundes Hofrath Dr. Roth in Tiflis ungehorsam zu werden und diese für den Fremden so gefährlichen Leckerbissen zu versuchen. Doch ich widerstand den Versuchungen siegreich und freute mich der Pracht der herrlichen Früchte. Trauben zur Kelterung werden hier, wo der Islam dem Weinbau entgegen ist, nur wenig gezogen; was ich sah, waren Tafeltrauben, aber welche Trauben! Jede Beere groß wie eine Pflaume und in allen Farben: weiß, gelb, violett, rötlich, schwarz und von der zartesten, wie mit Duft und Schmelz überzogenen Haut. Dieses herrliche Obst bildet mit einem trefflichen Brot die Hauptnahrung der Bevölkerung von Eriwan. Schwerlich kommt auf die Tafeln unserer Fürsten so liebliches Obst. Das Brod ist dem jüdischen Osterkuchen ähnlich, aber wohlschmeckender, weil es gesalzen und frisch genossen wird.

Bis 2012 war Eriwans Markthalle im südlichen Teil des Mesrop-Maschtoz-Boulevards untergebracht. Im Mai jenes Jahres stürzte die 60 Jahre alte Halle ein, möglicherweise hat dabei ein spekulativer Investor etwas nachgeholfen. Anschließend gab es mehrere erfolglose Demonstrationen zum Wiederaufbau des bis dahin beliebten Lebensmittelgroßmarktes. Stattdessen wurde das denkmalgeschützte Gebäude so restauriert, dass in ihm nun moderne Geschäfte und Boutiquen untergebracht werden konnten.

Gegenüber der alten Markthalle steht Armeniens einzige derzeit genutzte Moschee, die sog. Blaue Moschee. Sie wurde 1766 für schiitische Moslems erbaut und wird heute vor allem von ausländischen Muslimen, in der Mehrzahl Iranern, besucht, die entweder zur Arbeit oder als Touristen nach Armenien kommen. Bis zum Bergkarabach-Konflikt wurde die Moschee von armenischen Muslimen, überwiegend Aserbaidschanern, genutzt, die zwischen 1988 und 1991 fast alle das Land verlassen mussten, so wie umgekehrt alle armenischen Christen Aserbaidschan verlassen mussten.

Die sandsteinfarbenen Außenmauern werden von einer gigantischen blauen Kuppel dominiert. Schon von weitem sind die kunstvollen goldenen Mosaik-Verzierungen auf dem Himmelblau der Kuppel zu sehen. Auch das Portal und das Minarett sind mit Liebe zum Detail mit farbenprächtigen Fliesenarbeiten geschmückt. Durch ihr Baustil und ihre Farben unterscheidet sie sich stark von allen anderen Gebäuden und bildet einen Blickfang.

***

Den Abschluss unserer Reise bildete ein gemeinsames Abendessen in einem armenischen Spezialitätenrestaurant. Nach der obligatorischen Vorspeisenvielfalt mit viel Gemüse und frischen Kräutern war die Hauptspeise ein „Hirtensack". Es handelt sich dabei um einen getrockneten Lavasch-Fladen, der wie ein Sack zusammengebunden und mit einer Fleisch-Gemüse-Mischung gefüllt wurde. Der Name erklärt sich aus dem Aussehen und der Verwendung als Proviant von Hirten.

Zur Verabschiedung hatte sich Samuel in einen hellen Anzug geworfen und eine Krawatte umgebunden. Fast hätten wir ihn nicht erkannt, der Anblick war jedenfalls sehr überraschend. Außerdem hatte er drei Tänzer engagiert, die uns armenische Folklore-Tänze darboten. Dies war allerdings nicht nach jedermanns Geschmack, da es nicht gerade natürlich wirkte, sondern offensichtlich nur eine Show für uns Touristen war.

Danach wollte ich noch einen Abendspaziergang zum Platz der Republik machen, um zum Abschluss die abends wunderschön illuminierten „Singenden Fontänen" vor dem Historischen Museum zu bewundern und zu fotografieren. Aber leider waren sie am Vorabend zum 2.801ten Geburtstag Erebunis abgestellt, da auch im Becken

Abb. 27: In der Großmarkthalle

Abb. 28: Ein „Hirtensack"

des Springbrunnens Tribünen und andere Konstruktionen errichtet worden waren, um das Fest würdig begehen zu können. Erebuni hieß die urartäische Siedlung im Bereich des Jerewaner Stadtgebiets, die seit 782 v.Chr. nachweisbar ist und von deren Festung noch Reste existieren.

Stattdessen landete ich auf dem Rückweg zum Hotel in einer Bar in der Aram-Straße, wo auch meine beiden fränkischen Mitreisenden eingekehrt waren. Sie traf ich während meines Aufenthaltes genau dreimal in dieser Bar, da sie wie ich das riesige Angebot an hervorragenden armenischen Weinen zu schätzen wussten. Während unseres Aufenthalts in Jerewan verschlug sie es abends immer hierher auf der Flucht vor der restlichen Reisegruppe. Mit den beiden verband mich die Abneigung gegen ewig gestrige, deutschtümelnde Jammer-Ossis und Stuttgarter Klugscheißerinnen, die zu jedem Thema und in jedem Gespräch meinten, was Superkluges beitragen zu müssen.

Beunruhigt hat uns drei jedoch, dass wir bei jedem Besuch die einzigen Gäste der Bar waren, zumal uns der indienstämmige Chef erzählte, dass er wenige Monate zuvor eine sichere Chefkochanstellung in einem internationalen Jerewaner Hotel aufgegeben hatte, um sich selbständig zu machen. Ob er mithilfe unseres Getränkeumsatzes den Laden dauerhaft würde halten können, bezweifelten wir stark. Und vor allem, wie sollte es weitergehen, wenn wir abgereist sind?

An diesem Abend versagte zu allem Überfluss beim Zahlen die elektronische Kasse, weswegen er mit Unterstützung durch seinen Kellner längere Zeit mit der Hotline des Kassenherstellers telefonieren musste, was aber trotzdem nicht zum Erfolg führte. Schließlich präsentierte er uns eine per Hand ausgestellte Rechnung und schenkte uns zur Entschädigung für die Warterei auf Kosten des Hauses jeweils ein besonders volles Glas Wein ein.

Zusätzlich entschädigte er uns mit einem avantgardistischen Klavierspiel, das er zu unserer Erbauung darbrachte. Er spielte ein kleines Medley, das von einer perfekten Beherrschung des Tasteninstruments zeugte. Danach verließen Chef und Kellner das Lokal, als wir in kleinen Schlucken die großen Mengen des Kompensationsweines genossen und uns dafür viel Zeit ließen. Sie blieben mindestens zehn Minuten verschwunden – es waren ja außer uns „Stammgästen" keine weiteren Gäste anwesend. Uns kam die ganze Situation erst grotesk und skurril, dann eher unheimlich vor, bis sie endlich wieder zurückkamen. Wir hatten schon einen Mafiaüberfall befürchtet, vor dem sie gewarnt worden waren.

1. Oktober 2019, Rückreise

Ich war der einzige, dessen Rückflug zu einer vernünftigen Uhrzeit begann, nämlich um halb drei nachmittags. Alle anderen waren bereits am sehr frühen Morgen zum Flughafen gekarrt worden, wobei sie unterschiedliche Routen hatten, nämlich über Moskau wie ich oder über Wien und mit Zielflughafen in Berlin oder in Frankfurt. Samuel brachte mich mit einem Taxi zum internationalen Flughafen von Jerewan.

Beim Umsteigen auf dem Scheremetjewo-Flughafen in Moskau begegnete mir zum dritten Mal während dieser kurzen Reise ein Schweizer. Ich hatte beim Hinflug im Flieger neben ihm gesessen und ihn an der Karawanserei Selim wieder getroffen, wobei er mich und nicht ich ihn erkannt hatte – mein Gesichts- und Namensgedächtnis ist katastrophal. Die Welt, zumindest der Armenienbereisenden, scheint doch eher überschaubar zu sein.

Als Resümee kann ich sagen, dass meine Wahl für Armenien als Reiseland goldrichtig gewesen ist, da die Landschaft unglaublich schön und verschiedenartig ist, es wahnsinnig viele alte Kulturdenkmäler gibt, die Menschen bemerkenswert gastfreundlich sind, das Essen auf sehr verträgliche Art ungewöhnlich abwechslungsreich und schmackhaft ist und außerdem noch das Wetter perfekt mitgespielt hat.

Eine Bestnote bekommt auch unser lokaler Reiseführer Samuel, der mit hervorragendem Hintergrundwissen in fast allen Lebensbereichen glänzen konnte, sowie das Dresdner Reisebüro, das eine außergewöhnlich schöne Rundreise mit fast allen Highlights des Landes zusammengestellt hat. Dafür hatte es gute Unterkünfte und Ziele ausgewählt, die es uns ermöglichten, mit Armeniern in Kontakt zu treten.

Quellen

Armenisches Reisebüro: www.atb.am

Huberta von Voss: Porträt einer Hoffnung – Die Armenier, Verlag Hans Schiler, 2005

Jasmine Dum-Tragut: Armenien – 3000 Jahre Kultur zwischen Ost und West, Trescher Verlag 2019

Tessa Hofmann: Annäherung an Armenien – Geschichte und Gegenwart, C.H.Beck 2018

Torsten Flaig: Armenien – Entdeckungsreisen im Land der Kreuzsteine: von der Hauptstadt Jerewan durch altes Kulturland zum Sewansee und zu den Klöstern in der beeindruckenden Bergwelt des südlichen Kaukasus

UNESCO-Weltkulturerbe: whc.unesco.org

Wikipedia, deutsch und englisch, zu allen möglichen Themen. Außerdem: www.armeniapedia.org – eine Art armenische Variante von Wikipedia in englischer Sprache.